JN112669

Q&A
運送取引の
法律実務入門

山下和哉

［著］

商事法務

はしがき

1　はじめに

「僕は将来、山下運送になるんやけど、Ａ君は将来、何運送になるの？」

　私が幼稚園生のときに、運送業とは無関係の友だちのＡ君に質問した言葉だったと、後年、食品運送会社を経営していた両親から聞かされましたが、このときの予想は少しだけ外れ、現在、運送・海事業界に関係する弁護士として、日夜奮闘しています。

2　本書執筆の背景

　本書は、運送取引の法律実務についての入門書であり、Ｑ＆Ａ形式で、挿絵をふんだんに使い、運送取引の法律実務についての基本的な知識を提供することを目指しています。運送取引は、日々の生活やビジネスにおいて欠かすことのできない存在であり、その法律的な側面を理解することは、多くの人々にとって非常に重要です。2018年には、運送取引に関する商法の規定が119年ぶりに大改正されました（詳しくは、松井信憲氏・大野晃宏氏編著『一問一答・平成30年商法改正』〔商事法務、2018年〕をご参照ください。）。しかし、日々、弁護士として依頼者の皆様や士業の知人等からご相談をいただく中で、大変僭越ながら、運送取引の法律実務に関する基本的な知識が十分に周知されていないように感じ、上記商法改正に際して立案事務局の一員として関与した身として、更なる周知に努めないといけないという（勝手な）責任感により、本書の執筆を決意しました。

3　本書の構成

　本書の構成は、大きく「Chapter1 運送総則」、「Chapter2 物品運送」、「Chapter3 旅客運送」の３つのパートに分かれます。そして、

かなりのボリュームを割いた「Chapter2 物品運送」のパートでは、「(1) 総論」の後、荷主（荷送人・荷受人）の目線にフォーカスした「(2) 荷主の義務・責任」、続いて、運送人の目線にフォーカスした「(3) 運送人の義務・責任」に分けて、運送取引の両当事者の目線からの疑問点に回答することを試みました。

4　運送取引の両当事者による本書のご利用可能性

（物品）運送取引は、運送人と荷送人との契約に基づいて行われるものですので、両者間では、売買契約の売主・買主のように、「法的」には、互いの利害が衝突する場面が想定されます（もちろん、日常の運送取引の大部分は問題なく実施されていますが、あくまで法的な観点でのお話です。）。

例えば、本書で、「荷送人は運送人に対して請求できる」と記載されている部分であれば、「運送人は荷送人に対する義務や責任を負う」と読み替えていただくことで、運送人・荷主のどちらの立場の方にも本書全体をご利用いただけます。

5　運送業界全体の環境改善の一助に

関連して、昨今、運送業界では、いわゆる2024年問題と言われ、トラックドライバーの時間外労働時間規制が強化されることに対する運送業界の対応の必要性も広く取り上げられているところです。

本書は、運送取引に焦点を当てたものですので、このような労働問題に真正面から回答するものではありませんが、運送取引の基礎知識、デフォルト・ルール（契約がない場合に適用される法律等のルール）、契約・約款等によるその変更等を広く周知することで、①運送業者やその従業員の方においては、法律や契約で定められた義務・責任以上の負担を強いられることへの対抗手段を、②荷主側の方においては、自身の要望が、法律・契約等に基づくものか否か、デフォルト・ルールとの差がどの程度あるのか等をそれぞれ理解していた

だき、引いては運送業界全体（運送人及び荷主双方を含みます。）の関係性や環境の改善の一助としていただけるようであれば、筆者として望外の喜びとなります。

6　平易な内容と深い知識

　本書は、法律家だけでなく、運送業界で働く全ての人々や、運送サービスを利用する一般の人々にも役立つ情報を提供することを目的としています。そのため、特に冒頭の「Q＆Aパート」については、法律用語や専門的な知識を必要とせず、誰でも理解できるよう可能な限り平易な記載にするとともに、「解説パート」では、より深く知識を獲得したい方に向けて相当程度専門的な内容や周辺の知識の整理等にも記述を広げました。

7　皆様への感謝の思い

　本書の刊行に至る過程で、大変幸運なことに、多くの支援と励ましを頂戴しました。私が法務省民事局参事官室に局付又は調査員として所属していた当時の上司・先輩・同僚や他省庁の方々の協力や指導がなければ、私自身は道半ばで同省を後にしていたと思います。特に、当時の直属の上司である松井信憲大臣官房審議官（当時参事官）には厳しくも愛情深くご指導いただき、また、当時の先輩である宇野直紀法務省民事局付は苦楽を共にしつつ常に相談に乗っていただいた「戦友」であり、お二人の存在がなければ今の私はありません。

　また、現在所属する弁護士法人東町法律事務所の方々からも、2014年の法務省への出向への後押しから、在任中の指導・情報提供、その後のサポート等、多大なる協力と後押しをいただきました。

　加えて、家族や友人たちからの絶え間ない支援・励まし・サポートも、本書執筆には不可欠でした。

　さらには、株式会社商事法務の浅沼亨氏、水石曜一郎氏、澁谷禎之氏には、本書企画時から長期間にわたり、筆が重い私を決して見

放すことなく、献身的なご協力を頂戴しました。

皆様に、ここに深く感謝の意を表する次第です。

8　最後に

最後に、本書が運送取引の法律実務に携わる皆様の理解を深める一助となり、より良いビジネス環境や社会を築くための道しるべとなることを心から願っています。

2023年10月

山下　和哉

目 次

Chapter 3　旅客運送

資料編

Chapter 1

運送総則

Q1　運送の区分・適用法令

　運送の種類はどのように区別されますか。また、それぞれの運送の区分に適用される法律はどのようになりますか。

A

　商法上、運送の種類は、運送場所又は運送手段に応じて、①陸上運送、②海上運送、又は③航空運送の３つに分かれます。また、それぞれについて、運送の対象が物品か旅客かに応じて、（A）物品運送と（B）旅客運送に分類されます。

　国内の各運送については、商法の規定が適用されます。他方、国際運送については、海上運送につき国際海上物品運送法と商法が、航空運送につきモントリオール条約等が適用されます。

▌解　説

1　総　論

　商法上、運送の種類は、運送場所又は運送手段に応じて、①陸上運送、②海上運送、又は③航空運送の３つに分かれる。また、それぞれについて、運送の対象が物品か旅客かに応じて、（A）物品運送と（B）旅客運送に分類される。

　国内の各運送については、商法の規定が適用される。他方、国際運送については、海上運送につき国際海上物品運送法と商法が、航空運送につきモントリオール条約等が適用される。

　これらの分類と適用法を示すと、次表のとおりとなる。

	国内運送	国際運送
陸上運送	商法（総則的規定） ※海上物品運送は特則あり	―
海上運送		国際海上物品運送法・商法
航空運送		モントリオール条約等

2　各　論

(1)　陸上運送・海上運送・航空運送

　　ア　陸上運送とは、陸上における物品又は旅客の運送をいうと規定されている。例えば、トラック、鉄道・地下鉄、バス、タクシー、人力等による物品・旅客運送が挙げられる（商法第569条第2号）。

　　イ　海上運送とは、航海船又は非航海船[1]による物品又は旅客の運送をいうと規定されている。例えば、コンテナ船、ばら積み船、タンカー、フェリー、旅客船、クルーズ船等による物品・旅客運送が挙げられる（商法第569条第3号）。

　　ウ　航空運送とは、航空法第2条第1項に規定する航空機[2]による物品又は旅客の運送をいうと規定されている（商法第569条第4号）。例えば、飛行機、ヘリコプター、飛行船、グライダー、気球等による物品・旅客運送等が挙げられる。人が乗ることが要件とされているので、現行商法下では、ドローンによる運送は、航空運送には含まれない。

1）非航海船とは、専ら湖川、港湾その他の海以外の水域において航行の用に供する船舶（端舟その他ろかいのみをもって運転し、又は主としてろかいをもって運転する舟を除く。）をいう（商法第747条、船舶法（附則）第35条第2項）。

2）「航空機」とは、<u>人が乗つて航空の用に供する</u>ことができる飛行機、回転翼航空機、滑空機、飛行船その他政令で定める機器をいうと規定されている（航空法第2条第1項）。

エ　そのほか、陸上運送、海上運送又は航空運送のうち二つ以上の運送を一つの契約で引き受ける複合運送も存在する。例えば、荷送人の自宅から港までのトラック運送と港から別の港までの海上運送を一つの複合運送契約で引き受ける場合などである。

(2)　**物品運送・旅客運送**

運送の対象が物品である場合を物品運送といい、人（旅客）である場合を旅客運送という。

(3)　**利用運送人・フレイトフォワーダー**

荷送人との間で運送契約を締結した上で実際の運送を別の運送人に委託する利用運送人・フレイトフォワーダー等も存在する。

(4)　**適用法**

ア　国内の各運送については、商法の規定が適用される。

イ　国際海上運送については、国際海上物品運送法と商法が適用される。

ウ　国際航空運送については、モントリオール条約等[3] が適用される。

関連規定

商法第569条

航空法第2条第1項

3）国際航空運送に関する条約のうち、日本が締結しているものは、最新のモントリオール条約（国際航空運送についてのある規則の統一に関する条約）のほか、ワルソー条約ヘーグ議定書やモントリオール第四追加議定書等が存在する。これらにつき、出発地と到達地が条約締約国であるという要件に応じて、どの条約が適用されるかが決まる。

Q2　港湾運送の分類・堪航能力担保義務

港湾運送は、どの運送に分類されるのですか。また、港湾運送事業者が堪航能力担保義務を負うことになりますか。

A

港湾運送は、海上運送に分類されます。

これに伴い、港湾運送事業者は、堪航能力担保義務を負うこととなります。

▌解　説

1　海上運送

平成30年改正後の商法では、専ら湖川、港湾その他の海以外の水域において航行の用に供する船舶（端舟その他ろかいのみをもって運転し、又は主としてろかいをもって運転する舟を除く。以下「非航海船」という。）による運送は、海上運送に分類された（商法第569条第3号）。これにより、いわゆる港湾運送も海上運送に分類される。

2　堪航能力担保義務

そして、非航海船による運送にも、商法第3編第3章（海上物品運送の特則）のうち第1節（個品運送）及び第2節（航海傭船）の規定が準用されるため、港湾運送事業者は、堪航能力担保義務（発航の当時船舶が安全に航海をするのに堪えることを担保する海上運送人の義務）を負うこととなる（商法第739条第1項、第747条、第756条第1項）。

3　相対的義務・過失責任

　なお、堪航能力担保義務は、船舶の安全性に関わる重要な意義を有している。そして、この義務は、船舶の規模・設備や積荷の性質等に応じた<u>相対的な義務</u>である上、義務違反による運送人の損害賠償責任については<u>過失責任</u>とされていることから、海上運送人は、一般的に要求される検査等を尽くせば足りると考えられる。これらの事情によれば、非航海船による運送を海上運送に分類することとしても、港湾運送事業者にことさら重い負担を課すことにはならないものと考えられる[1]。

関連規定

商法第569条第3号、第739条第1項、第747条、第756条第1項

1）港湾運送事業者が行う運送の大部分は船舶の全部又は一部を貸し切って行うもの（航海傭船）であるところ、航海傭船における堪航能力担保義務は基本的に任意規定となる（商法第756条第1項括弧書き）ため、特約によって同義務を減免することも可能である。

Q3　ドローンによる運送

　ドローンによる運送については、商法の運送営業の規定が適用されますか。

A

　現在の商法の規定は、ドローンによる運送には適用されません。

　ただし、将来、ドローンによる運送が実用化・一般化した場合には、商法の運送営業の規定が準用ないし類推適用される可能性があります。

▌解　説

1　運送人の定義

　商法の運送営業の規定（第2編第8章）は、「運送人」、すなわち、陸上運送、海上運送又は航空運送の引受けをすることを業とする者やそのような運送人と締結する運送契約に適用される（商法第569条第1号、第570条）。

　そして、各運送の定義は、次のとおりである（同法第569条第2号～第4号）。

　・「陸上運送」陸上における物品又は旅客の運送
　・「海上運送」商法第684条に規定する船舶（第747条に規定する非航海船を含む。）による物品又は旅客の運送
　・「航空運送」航空法第2条第1項に規定する航空機による物品又は旅客の運送

　また、航空法第2条第1項に規定する「航空機」は、人が乗って航空の用に供することができる飛行機、回転翼航空機、滑空機、飛行船その他政令で定める機器をいうとされており、ドローンのような無人航空機は含まれない。

したがって、ドローンを用いた運送が商法上の各運送の定義に該当せず、その結果、ドローン運送をする者は「運送人」の定義に該当しないことなる。よって、現在の商法の規定は、ドローンによる運送には適用されない。

2 準用等の可能性

もっとも、ドローンを用いた物品運送は、現在、実証実験等を行っている段階であるが、将来、ドローンによる運送が実用化・一般化した場合には、商法の運送営業の規定が設けられた趣旨に照らして、商法の運送営業の規定が準用ないし類推適用される可能性があると考える。

関連規定

商法第569条、第570条
航空法第2条第1項

Column 1　　商法（運送・海商）改正事項・10 選

　商法及び国際海上物品運送法の改正法は、2018 年 5 月に成立し、2019 年 4 月に施行されました。商法においては、次に詳述するような運送・海商関係の改正のほか、これ以外の片仮名文語体の規律が残る分野（仲立営業、問屋営業及び寄託）についても、平仮名化する改正がされており、今回の改正によって、「商法」の全ての規律が平仮名化されることとなりました。このように、今回の改正法は、我々ユーザーにとって、商法全体の理解が容易になるものであるという点でも大いに歓迎すべき改正であると考えます。

　お陰様で各種標準約款やモデル契約書等の改訂をいただいている一方で、改正されたこと自体を認知いただいていないケースもあり、今一度、元立案担当者として、周知活動に努めねばという思いです。

　そこで、改めて、改正法の重要事項・10 選をおさらいしましょう。

1　航空運送・複合運送

　各種運送に関する総則的規律を設け、規定を欠いていた「航空運送」や、陸上・海上・航空を組み合わせた「複合運送」にも、これを適用することとされました。また、複合運送の運送人の責任は、運送品の滅失等の原因が生じた区間に適用されることとなる法令又は条約の規定に従うこととされました。

2　危険物に関する通知義務・荷送人が無過失の場合の免責

　危険物に関する通知義務については、多様化する危険物の安全な運送を確保するという観点から、運送品が危険物である場合に、荷送人に危険物に関する通知義務を課す規定を新設することとされました。

　法制審議会商法部会では、この通知義務に違反した荷送人の損害賠償責任の在り方に関して、荷送人に帰責事由がない場合にも荷送人が責任を負うか否かについて意見が大きく分かれましたが、様々な議論を経た結果、最終的には、荷送人は、危険物に関する通知義

務に違反した場合には、これによって生じた損害の賠償責任を負い
ますが、その違反につき荷送人に帰責事由がないときは、荷送人は
賠償責任を負わないとすることとされました。

　これは、物流においては、製造業者・商社・利用運送事業者・消
費者など様々な関係者が危険物の荷送人となるところ、各自の帰責
事由の有無に応じた弾力的な判断ができるようにすべきであること
などの理由によるものです。

3　運送人及びその被用者の不法行為責任の軽減

　旧商法では、運送品が高価品であることを荷送人が申告しなかっ
た場合における運送人の責任の免責規定、運送人の損害賠償額の定
額化等の運送人の契約責任を軽減する規定は、基本的には、運送人
及びその被用者の不法行為責任には及ばないと解されていましたが、
これらの規定の趣旨を没却させないようにするため、その効果を運
送人及びその被用者の不法行為責任についても及ぼすこととされま
した（この改正は、契約責任についての規定が不法行為責任にも適
用されることを明記する画期的なものですが、あまり注目されてい
ない印象です…。）。

4　旅客運送人の責任に関する片面的強行規定

　旅客運送人の責任について、旅客の安全確保の観点から、旅客の
生命又は身体の侵害による運送人の責任を減免する特約を一律に無
効とすることとされました。ただし、運送事業の合理的な運営や真
に必要な運送の確保等の観点から、運送の遅延を主たる原因とする
運送人の責任や災害地における運送及び重病人等の運送については、
例外的に免責特約の余地を残すこととされました。

5　定期傭船

　海運実務上頻繁に利用される定期傭船契約（船舶所有者等が艤装
〔航海に必要な装置等を設置すること〕して船員を配乗した船舶を一
定期間相手方に利用させる契約）について、新たな契約類型として、
基本的な規律を新設することとされました。

6　堪航能力担保義務の過失責任化

　国内海上運送における堪航能力担保義務（船舶の整備や適切な船員の配乗などによって船舶が安全に航海をする能力を有することを担保する義務）について、旧法の下では、この義務違反による責任は無過失責任であると解されていました（旧商法第 738 条、最高裁昭和 49 年 3 月 15 日判決参照）が、国際海上運送とのバランス等を踏まえ、国内海上運送に関しても、堪航能力担保義務違反による責任を過失責任に改めることとされました。

7　海上運送状

　貿易実務上、船荷証券に代えて利用される海上運送状（Sea Waybill）について、基本的な規律を新設することとされました。なお、海上運送状は、有価証券（船荷証券等）ではなく、単なる証拠書類です。

8　船舶の衝突によって生じた債権の消滅時効

　旧法では、船舶の衝突による物損に関する不法行為責任は、被害者が損害及び加害者を知った時から 1 年の消滅時効に服するとされていました（旧商法第 798 条第 1 項、最高裁平成 17 年 11 月 21 日判決参照）が、国際条約とのバランス等を踏まえ、不法行為の時から 2 年の消滅時効に服することとされました。なお、人身損害に関する不法行為責任については、人命尊重の見地から、国際条約とは異なり、商法に短期消滅時効の規律を設けず、改正民法第 724 条により、加害者等を知ってから 5 年の消滅時効に服することとされました。

9　海上保険

　海上保険について、加入の際には保険契約者の側で危険に関する重要事項を告知すべき旨を明文化することとされました。

10　国際海上物品運送法の改正

　国際海上物品運送法が定める運送人の責任限度額に関して、その元となっている国際条約（ヘーグ・ヴィスビー・ルールズ）につい

ての諸外国の解釈に対応するという観点から、運送品 1 包ごとに各別に責任限度額を定めるのではなく、運送品の全体につき責任限度額を定めるように改めることとされました。

Chapter 2

物品運送

⑴　総論

Q4　物品運送契約の定義

物品運送契約とは、どのような契約ですか。

A

　物品運送契約は、運送人が荷送人からある物品を受け取りこれを運送して荷受人に引き渡すことを約し、荷送人がその結果に対してその運送賃を支払うことを約することによって、その効力を生ずる契約です。

▌解　説

1　物品運送契約の定義

　商法では、物品運送契約は、運送人が荷送人からある物品を受け取りこれを運送して荷受人に引き渡すことを約し、荷送人がその結果に対してその運送賃を支払うことを約することによって、その効力を生ずると規定されている（商法第570条）。

2　ポイント

　ポイントとしては、①運送人と荷送人との合意のみにより成立すること（荷受人は契約締結の当事者とはならない）、②諾成・不要

式の契約であること、③荷受人に運送品を引き渡すという結果
（仕事の完成）を目的としており、民法上の請負契約の性質を有す
ることが挙げられる。

3　①運送人と荷送人との合意のみにより成立すること

　物品運送契約は、運送人と荷送人との合意のみにより成立する。
荷受人は、一定の要件を満たすことで、運送人に対する運送契約
上の権利を得、また義務を負うことになるが、運送契約を締結す
る当事者ではない。特に運送契約の締結時においては、荷受人は、
運送人から運送品を受け取る者として指定されたものであるにす
ぎない。

4　②諾成・不要式の契約であること

　物品運送契約が成立するためには、運送人と荷送人が合意する
ことのみにより成立する（諾成）。必ずしも書面による必要はな
く、口頭のみによっても成立する（不要式）。

5　③仕事の完成を目的とすること

　物品運送契約は、荷受人に運送品を引き渡すという結果、つま
り、運送人による物品運送という仕事の完成を目的としており、
民法上の請負契約[1]の性質を有する。

関連規定

商法第570条、民法第632条

1）●民法（明治二十九年法律第八十九号）
　（請負）
　第六百三十二条　請負は、当事者の一方が<u>ある仕事を完成</u>することを約し、
　相手方がその仕事の結果に対してその報酬を支払うことを約することによっ
　て、その効力を生ずる。

Q5 メール等による運送契約の成立、約款の適用

　運送人と荷送人との間で運送契約書を締結しておらず、メールでの受発注のやり取りだけで運送人が運送を開始してしまいました。このような場合にも運送契約は成立していますか。

　また、運送人が自社の約款が適用されると主張していますが、約款が適用されるための条件はありますか。

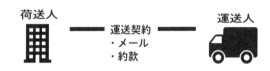

A

　物品運送契約は、メールのやり取りだけであっても、当事者間に合意があれば、成立します。

　運送人が用意した運送約款が適用されるためには、民法の定型約款の要件又は約款法理一般の要件を満たす必要があります。

■解　説

1　物品運送契約の成立

　物品運送契約は、諾成・不要式の契約である（商法第570条）ので、運送人と荷送人の合意さえあれば、成立する。その合意の方式は特に限定なく、契約書の締結、メール又はFAXによる受発注書のやり取り、口頭等、いかなる方法であっても契約が成立する。ただし、将来の無用な紛争を回避するためには、口頭のみの契約はできれば避けた方がよく、最低限、何らかの記録に残る

方法が好ましい。

2　約款の適用

(1)　運送人が用意した運送約款が適用されるためには、民法の定型約款の要件又は約款法理一般の要件を満たす必要がある。

(2)　**民法の定型約款**

ア　民法の定型約款とは、「定型取引において、契約の内容とすることを目的としてその特定の者により準備された定型約款を用いた契約条項の総体」である（民法第548条の2第1項）。

　　そのうち「定型取引」とは、「ある特定の者が不特定多数の者を相手方として行う取引であって、その内容の全部又は一部が画一的であることがその双方にとって合理的なもの」と規定されており（民法第548条の2第1項）、この要件は大きく二つに分かれる。第一に、①「ある特定の者が不特定多数の者を相手方として行う取引」は、相手方の個性を重視しないような契約をいうと解されており、例えば、労働契約、不動産売買契約等のような相手方の個性を重視するものは、この要件を満たさないとされる。第二に、②「その内容の全部又は一部が画一的であることがその双方にとって合理的なもの」は、相手方も直接・間接に利益を享受していると客観的に評価できるものをいうと解されており、例えば、個別の契約交渉が通常予定されているフランチャイズ契約、不動産賃貸借契約等は、この要件を満たさないとされる。また、この②の要件を踏まえると、一般的には、個別の条件交渉が予定されている事業者間（B to B）取引はこの要件を満たさない方向となり、他方、個別の条件交渉が予定されていない事業者・消費者間（B to C）取引はこの要件を満たす方向となる。

　　以上のような要件を踏まえ、定型約款に該当するものとしては、鉄道の旅客運送取引における運送約款や宅配便契約における運送約款等が該当するとされている。

イ　定型約款を用いた取引を行う場合において、次の(i)、(ii)又は(iii)のいずれかの要件を満たすときは、定型約款に記載された個別の条項の内容について相手方が認識していなくとも、当該条項について合意したものとみなされる（民法第548条の2第1項）。

(i)　定型約款を契約の内容とする旨の「合意」をしたとき。例えば、相手方が「所定の約款に従う旨の同意」をしたとき。

(ii)　定型約款を契約の内容とする旨をあらかじめ相手方に「表示」していたとき。例えば、インターネット上の契約締結画面までの間に定型約款を契約内容とする旨を画面上に表示、若しくは、事前配布パンフレットに記載等したとき。

(iii)　定型約款を契約の内容とする旨を「公表」していたとき。例えば、インターネット等で定型約款を公表等したとき。なお、(iii)は個別法で規定される場合にのみ適用される特例であり、例えば、フェリー等の海上旅客運送（海上運送法第32条の2）、航空旅客運送（航空法第134条の4）、鉄道旅客運送（鉄道営業法第18条ノ2）、路面電車・モノレール旅客運送（軌道法第27条ノ2）、乗合バス・タクシー等旅客運送（道路運送法第87条）が挙げられる。

ウ　ただし、上記の要件を満たしたとしても、相手方の権利を制限し、又は相手方の義務を加重する条項であって、その定型取引の態様及びその実情並びに取引上の社会通念に照らして民法第1条第2項に規定する基本原則に反して相手方の利益を一方的に害すると認められる条項については、合意をし

なかったものとみなされる（民法第548条の2第2項）。例えば、定型約款を準備した者の故意・重過失による責任を免責する条項や、想定外の別の商品の購入を義務付ける抱合せ販売条項等が該当するとされている。

(3)　約款法理

　ある約款が民法の定型約款に該当しないとしても、約款法理の要件を満たせば、やはり一方当事者が準備した約款がその運送契約の内容となることがある。この要件は定まった判例・通説があるというわけではないが、約款作成者が相手方に約款の使用を表示していることを前提に、約款の使用が商慣習となっていることや相手方がその約款に対して異議を述べていないこと等の要件を満たせば、約款法理によって、約款の内容が運送契約に適用され得る。

関連規定

商法第570条
民法第548条の2

Q6　利用運送と運送取扱（取次）の違い

　当社は、自社でトラックや船舶を保有していませんが、実運送人に運送を外注する方法で、荷主から預かった貨物を指定場所まで届けるというサービスを提供したいと考えています。この場合、どのような契約を選択するのがいいですか。貨物についての当社の責任の範囲や許認可の要否も教えてください。

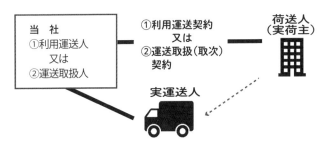

A

1　実荷主とサービス提供者（当社）[1]との間での契約の種類は、①利用運送、②運送取扱（取次）の２つがあります。
2　貨物についてのサービス提供者の責任の範囲や許認可の要否は、次のとおりです。

	サービス提供者の責任	許認可の要否
①利用運送	運送人としての責任（比較的広い）	必要
②運送取扱	取次ぎについての責任（比較的狭い）	不要

1）実務では、フレイト・フォワーダーやブッキング・エージェント等と呼ばれることがあります。

▌解　説

1　両者の違い

　①利用運送と②運送取扱（取次ぎ）は、いずれも実運送人の行う運送を利用して貨物の運送を行うという点では共通しているが、次のような点で異なる。

(1)　契約の法的性質の違い

　①利用運送人と実荷主（荷送人）との契約は、請負契約（民法第632条）の性質を有する物品運送契約（商法第570条）であるが、②運送取扱人と実荷主（委託者）との契約は、（準）委任契約（民法第656条）の性質を有する運送取扱契約（商法第559条第1項参照）である（比較図参照）[2) 3) 4)]。

---

2 ）商法では、「運送取扱人」とは、自己の名をもって物品運送の取次ぎをすることを業とする者をいうと規定されている（第590条第1項。比較図【運送取扱 -A】参照）。

　他方、国土交通省のウェブサイト（https://www.mlit.go.jp/seisakutokatsu/freight/seisakutokatsu_freight_fr3_000002.html）では、「運送取次事業は、荷主に対して運送責任を負うものではなく、他人（荷主）の需要に応じ、有償で、自己の名をもってする運送事業者の行う貨物の運送の取次ぎ若しくは運送貨物の運送事業者からの受取（運送の取次ぎ）又は他人（荷主）の名をもってする運送事業者への貨物の運送の委託若しくは運送貨物の運送事業者からの受取り（運送の代弁）を行う事業」と説明されている（前者につき比較図【運送取扱 -A】、後者につき【運送取扱 -B】参照）。

　本書では、主に商法第2編第7章（運送取扱営業）の規定に基づき、【運送取扱 -A】を説明することとするが、【運送取扱 -B】についても、性質上可能な限り同章の規定が準用ないし類推適用されるものと考える。

3 ）②運送取扱の具体例として、コンビニエンスストアでの宅配便の受付（荷主と実運送人との間の運送の、コンビニによる取次ぎ）、インターネット通販での商品の配達（荷主である通販会社と実運送人との間の運送の、プラットフォーマーによる取次ぎ）、求貨求車システム（荷主と運送事業者との間の運送のマッチングサービス）等が挙げられる。

利用運送と運送取扱の比較図

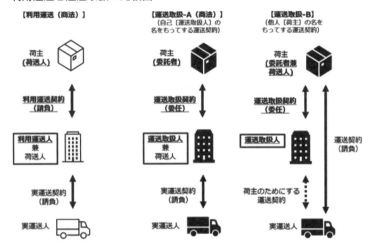

(2) 責任の違い

　①利用運送人は、実荷主（荷送人）に対して運送人としての責任を負う。すなわち、利用運送人は、貨物の受取から荷受人への引渡しまでの間に発生した貨物の損害又はその原因について、貨物の受取、運送、保管及び引渡しについて注意義務を尽くしたことを証明しない限り、その損害を賠償する責任を負う（商法第 575 条）。

　他方、②運送取扱人は、実荷主（委託者）に対して運送の取次ぎについての責任を負う。すなわち、運送取扱人は、貨物の受取から荷受人への引渡しまでの間に発生した貨物の損害又はその原因について、貨物の受取、保管及び引渡し、運送人の選

---

4) 運送取扱契約書は、印紙税法上の課税文書ではない（https://www.nta.go.jp/law/shitsugi/inshi/15/18.htm）。他方、利用運送契約書は印紙税法上の課税文書に当たる（印紙税法基本通達別表第一 1）第 1 号の 4 文書）。

択その他の運送の取次ぎについて注意義務を尽くしたことを証明しない限り、その損害を賠償する責任を負う（商法第560条）。言い換えると、運送取扱人は、実運送人の選択等の運送の取次ぎについての注意義務を尽くしたことさえ立証すれば、たとえ実運送人による運送に注意義務違反があったとしても、責任を負わなくてよいこととなる。このように、運送取扱人の責任範囲は、利用運送人の責任範囲より狭いと言える。

(3)　**許認可の要否の違い**

　①利用運送事業者は、あらかじめ国土交通大臣の登録又は許可を受ける必要があり（貨物利用運送事業法第3条、第20条）、これを怠った場合には、懲役又は罰金が科される可能性がある（同法第60条第1号、第62条第1号）[5]。

　他方、②運送取扱事業者は、特に登録や許可を受ける必要はない[6]。

2　①利用運送契約と②運送取扱契約を区別するポイント

　①利用運送契約と②運送取扱契約とは、契約内容を総合的に判断して性質決定されることとなるが、一般的には、次のようなポイントを重視して、区別される。

(1)　**契約内容・責任**

　サービス提供者が実荷主に対して提供するサービス内容が「運送」であるか若しくは「運送の取次ぎ」であるか（上記1(1)参照）、また、貨物が滅失等した場合の責任の定め方（上記1(2)参照）が、両者を区別する重要なポイントとなる。

5）加えて、国土交通大臣による利用運送約款の認可も必要である（貨物利用運送事業法第8条第1項、第26条第1項）。

6）従来、貨物運送取扱事業法において運送取扱事業が規制されていたが、平成14年に同法が貨物利用運送事業法に改められた結果、運送取扱事業についての規制が廃止された。

(2) 運送証券の作成

運送取扱人が運送証券（船荷証券又は複合運送証券）を作成した
ときは、自ら運送をするものとみなされる（商法第561条第1項）。
これを踏まえ、②運送取扱としたい場合には、サービス提供者が
運送証券を作成せず、実運送人にその作成を依頼する方が安全で
あると考える[7]。

【別表：②運送取扱の規定に対応する①利用運送の規定の有無】

商法の規定	②運送取扱[8]	①利用運送
冒頭規定	第559条第1項	第569条、第570条
問屋の準用	第559条第2項[9]	（規定なし）
送り状の交付義務	（規定なし）	第571条
責任	第560条	第575条
運送賃・報酬	第561条	第573条
留置権	第562条	第574条
介入権	第563条	（規定なし）

7）これらのほか、サービス提供者が確定運送賃を請求する場合（別に取次
ぎの報酬について明示せず、実荷主に対して確定的な運送賃の額のみを請求
する場合）に別途取次ぎの報酬を請求することができない旨の規定（商法第
561条第2項）を敷衍して考えると、このような確定運送賃を請求すること
は、①利用運送と分類される一要素にはなり得ると考えられる。これを回避
し、②運送取扱の方向で性質決定するためには、サービス提供者が実荷主に
対して確定運送賃を請求せず、実運送人に支払う運送賃とサービス提供者自
身が収受する取次ぎの報酬を明示的に区別して請求することが考えられる。

8）運送人を保護する規定である第576条（損害賠償額の定額化）及び第
584条（受取による運送人の責任の消滅）の規定は、運送取扱営業について
準用されていない（第564条参照）。ただし、運送取次契約書でその旨の特
約を設けることは可能である。

9）第554条（問屋が委託者の指定した金額との差額を負担する場合の販売
又は買入れの効力）の規定は、運送取扱にも準用される。委託者から運送賃
の指定がある場合、運送取扱人は、指値遵守義務を負うものの、自ら差額を
負担すれば、委託者に対して運送契約の効力を生ずることとなる。

損害賠償額の定額化	（規定なし）	第576条
複合運送人の責任	（規定なし）	第578条
運送品処分権	（規定なし）	第580条
運送品の供託及び競売	第559条 第2項、 第556条 10)	第582条、第583条
受取による運送人の責任の消滅	（規定なし）	第584条
危険物通知義務	第564条（準用）	第572条
高価品の特則	第564条（準用）	第577条
相次運送（取扱）	第564条（準用）	第579条
荷受人の権利義務等	第564条（準用）	第581条
除斥期間	第564条（準用）	第585条
債権の消滅時効	第564条（準用）	第586条
不法行為責任への準用	第564条（準用）	第587条
被用者の不法行為責任への準用	第564条（準用）	第588条

関連規定

商法第2編第7章、第8章、商法第554条、第556条

民法第632条、第656条

貨物利用運送事業法第3条、第8条第1項、第20条、第26条第1項、第60条第1号、第62条第1号

10）運送取扱において、第556条（問屋の供託・競売）の規定が準用されるのは、委託者が同時に荷受人となっている場合に限られるべきであり、荷受人が委託者以外の第三者の場合には、むしろ運送営業の規定である第582条、第583条を類推適用すべきとする学説がある。

Q7 運送契約のひな形

物品運送契約等のひな形（フォーム）はありますか。

A

主要なものとしては、国土交通省が作成した、

・標準貨物自動車運送約款（資料②）

・標準宅配便運送約款（資料③）

・標準引越運送約款

などがあります。

また、独自に作成した運送取次（取扱）基本契約書のひな型も、参考までに資料④としてご紹介します。

■ 解 説

1 標準約款

物品運送契約のひな型（フォーム）の主要なものとしては、国土交通省が作成した、

・標準貨物自動車運送約款（資料②）

・標準宅配便運送約款（資料③）

・標準引越運送約款

などがある[1]。

標準貨物自動車運送約款は、スタンダードな物品運送契約の条項を定めたものである。

標準宅配便運送約款は、主に消費者が荷送人になることを前提に、比較的小口の運送品についての運送契約の条項を定めたもの

---

[1] いずれも国土交通省のウェブサイト（https://www.mlit.go.jp/jidosha/jidosha_tk4_000009.html1）からダウンロード可能である。

である。特徴的な規定として、貨物の滅失等についての運送人の責任限度額（通常 30 万円）の規定が挙げられる。

　標準引越運送約款は、物品運送契約の中でも引っ越しに特化したものとして、その条項を定めたものである。

2　運送取次（取扱）契約

　運送取次（取扱）契約については、国土交通省の標準約款が存在しない。筆者が独自に作成した運送取次（取扱）基本契約書（資料④）のひな型を参考として紹介する。

関連規定

商法第 570 条

民法第 632 条

Column2　**民事基本法の改正プロセスと企業・インハウスロー
　　　　　ヤーの関わり方──商法改正法案を題材に**

1　民事基本法の重要性とその改正の働きかけ

　民法、商法、会社法などの民事基本法は、企業活動を行っていく
上で不可欠の存在であることは誰の目にも明らかです。例えば、商
品の売買に関する契約書を作成する場合には、関連する「民法」・
「商法」等の規定を踏まえながら、その整合性や特約等について検討
することとなります。たとえば、コーポレート・ガバナンスを強化
しようとする会社であれば、「会社法」の規定に従って、監査役に代
わって複数の社外取締役が経営を監視する監査等委員会設置会社に
移行すること等を検討すると思われます。

　もっとも、規律する法律自体が不合理である又は実態に即してい
ないと考える企業は、その法律を改正する方向での働きかけをオプ
ションの一つと考えることで、中長期的な目線での活動の幅を劇的
に広げることができると思われます。そこで、本コラムでは、「民事
基本法の改正のプロセスと企業の関わり方」というテーマについて、
筆者が関与した商法及び国際海上物品運送法の一部を改正する法律
案（主に、運送・海商関係の規律を改正対象とするもの。以下「商
法改正法案」という。平成 30 年 5 月成立、平成 31 年 4 月 1 日施
行）の提出に至るプロセスを題材に、掘り下げてみようと思います。

2　民事基本法改正のプロセス

　内閣から提出される民事基本法の改正法案の立案プロセスは、原
則として、①立法事実の発見、②外部団体における勉強会・研究会
での審議、③法務大臣から法制審議会に対する諮問（求意見）、④法
制審議会での審議、⑤中間試案の公表及びパブリックコメント（意
見募集）、⑥法制審議会での再審議、⑦法制審議会での改正要綱の決
定及び法務大臣に対する答申（意見具申）、⑧内閣法制局における審
査、⑨他省庁との協議、⑩与党審査、⑪改正法案の閣議決定及び国
会提出と続き、⑫国会で可決されたときに、晴れて法律となります。
ただし、このプロセスは必ずしもその順番どおりに進められるわけ
ではなく、所管省庁（法務省）としては、法制審議会での審議と並

行して、適宜、内閣法制局、他省庁又は与野党との間で協議・調整をします。

　民事基本法の立案プロセスは、改正する条文数、利害関係を有する国民・企業の数等の関係から、他省庁所管のものと比べ、比較的長期間に及ぶ印象があります。例えば、商法改正法案であれば、②勉強会の開始から⑪改正法案の国会提出に至るまでで約５年もの歳月を要しました。

3　立案プロセスにおける企業の関わり方

　立案プロセスにおける企業の関わり方を個別に見てみます。

　⑴　①立法事実の発見

　①立法事実は、様々な形で所管省庁が発見することになります。たとえば、商法改正法案であれば、運送・海商関係の規律が片仮名文語体である上に制定以来一世紀余の間実質的な改正がほとんどされておらず、時代遅れと指摘されていたという状況において、平成13年の司法制度改革審議会意見書で、「基本的な法令は、可能な限り分かりやすく、一般にも参照が容易で、予測可能性が高く、内外の社会経済情勢に即した適切なものとすべきである」旨の指摘があったこと等を受けて、外部団体における勉強会が開始されることとなりました。

　また、一般的には、業界団体から所管省庁や政党・議員に働きかけることによって、立法が促されることもあります。このような意味では、企業が法改正を実現したいと考える場合には、まずは所属する業界団体等と相談することが重要となります。

　⑵　②外部団体における勉強会・研究会での審議／④・⑥法制審議会での審議

　　ア　②外部団体における勉強会・研究会での審議の段階では、主に学者、業界団体等を代表する方及び省庁関係者が参加して、現状の実務及び問題点を踏まえ、改正すべき論点の抽出や改正の一応の方向性等を議論します。そこには、各業界団体や企業の法務担当者だけでなく、現場実務と法律との橋渡し役として大きな役割を担うインハウスローヤーや、企業等から委嘱を受けた弁護士も参加します。ここで議論された結

　　　果は、原則として報告書の形にまとめられ、その後の法制審
　　　議会での審議において参考にされます。
　イ　④・⑥法制審議会（部会）においても、学者、業界団体等
　　　を代表する方及び省庁関係者が参加しますが、研究会段階よ
　　　りも幅広い利害関係者が集められ、更に充実した議論がされ
　　　ます。商法改正法案では、法制審議会商法（運送・海商関係）
　　　部会において、荷主、運送業界（物品・旅客／陸上・海上・
　　　航空）、労働者団体、消費者団体、損保業界、弁護士会、裁
　　　判所等から各代表者が参加し、40名近くの各界代表者・有
　　　識者等によって、1回当たり4時間程度、全25回にわたっ
　　　て審議がされました。このうち弁護士の数は、8名（委嘱を
　　　受けた者、インハウスローヤー又は学者）にものぼりました。
　　　また、多岐にわたる各論点の結論部分は、審議が進むにつれ、
　　　可能な限り最終的な条文を意識した形で審議会（部会）資料
　　　に記載されます。
　ウ　このように、勉強会、研究会及び審議会では、法改正に直
　　　結する議論がされることから、改正を要望する団体・企業と
　　　しては、初期の段階から、現場実務を熟知した法務担当者や
　　　最終的な条文の姿まで見通すことのできる弁護士等を関与さ
　　　せるのが有益と思われます。
　⑶　⑤中間試案の公表及びパブリックコメント（意見募集）
　⑤中間試案の公表とともに、これに対するパブリックコメントの
手続が開始され、個人・団体等を問わず、誰でも中間試案について
意見を寄せることができます。そのため、審議会等に直接関与が出
来なかった企業も積極的に改正について意見を述べることができる
重要な機会となります。
　⑷　⑧内閣法制局審査／⑨各省協議／⑩与党審査
　⑧内閣法制局審査、⑨各省協議及び⑩与党審査の場面で企業が全
面的に関与する機会はあまりありませんが、現場におけるこのよう
な場面での必要なスキルの一つに、調整力が挙げられます。審議会
での議論と並行して、改正の方向性につき内閣法制局、他省庁、議
員等との間で協議・調整を要する場面があります（これは筆者の法
務省における経験で最も勉強になったことかもしれません。）。

4　最後に

　民事基本法の改正プロセスはいわば重厚長大であるため、法改正を求める企業にとっては、法的素養を有する者のほか、法制執務、プレゼン能力、調整力等に長けた者の助力が必要不可欠であると考えます。そのような候補者の一人としては、公務員弁護士（経験者）の存在が挙げられます。ただし、公務員弁護士と一括りに言っても、それぞれが経験した省庁、役職、業務内容等によって、獲得した能力は千差万別です。それぞれの個性にも着目しながら、企業が求める「ゴール」に辿り着くための適切な人材が公務員弁護士（経験者）の中にいるかもしれないということを頭の片隅に留めておいていただければ幸いです。

⑵　荷主の義務・責任

Q8　送り状の交付義務

荷送人による送り状の交付義務は、どのような内容ですか。

また、電子メール等でも送り状の記載事項を送信することが認められますか。

A

1　荷送人は、運送人の請求により、運送に関する所定の事項を記載した送り状を交付しなければなりません。

2　荷送人は、運送人の承諾を得た場合には、送り状に記載すべき事項を、電子メール等で提供することが可能です。

▍解　説

1　送り状の交付義務

　荷送人は、運送人の請求により、次の事項を記載した送り状を交付しなければならない（商法第571条第1項）。

①　運送品の種類

②　運送品の容積若しくは重量又は包若しくは個品の数及び運送品の記号

③　荷造りの種類

④　荷送人及び荷受人の氏名又は名称

⑤　発送地及び到達地

2　電子メール等による提供

　荷送人は、運送人の承諾を得た場合には、送り状に記載すべき
事項を、電子メール等で提供することが可能である（商法第571
条第2項、商法施行規則第12条[1])。

---

1)　●商法施行規則（平成十四年法務省令第二十二号）
（書面に記載すべき事項の電磁的方法による提供の承諾等）
第十二条　次に掲げる規定に規定する事項を電磁的方法により提供しようとす
　る者（次項において「提供者」という。）は、あらかじめ、当該事項の提供
　の相手方に対し、その用いる電磁的方法の種類及び内容を示し、書面又は電
　磁的方法による承諾を得なければならない。
一　商法第五百七十一条第二項
二　商法第七百七十条第三項
2　前項の規定による承諾を得た提供者は、同項の相手方から書面又は電磁的
　方法により電磁的方法による事項の提供を受けない旨の申出があったときは、
　当該相手方に対し、当該事項の提供を電磁的方法によってしてはならない。
　ただし、当該相手方が再び同項の規定による承諾をした場合は、この限りで
　ない。
3　第一項の規定により示すべき電磁的方法の種類及び内容は、次に掲げるも
　のとする。
一　次に掲げる方法のうち、送信者が使用するもの
　イ　電子情報処理組織を使用する方法のうち次に掲げるもの
　　（1）　送信者の使用に係る電子計算機と受信者の使用に係る電子計算
　　　　機とを接続する電気通信回線を通じて送信し、受信者の使用に係
　　　　る電子計算機に備えられたファイルに記録する方法
　　（2）　送信者の使用に係る電子計算機に備えられたファイルに記録さ
　　　　れた情報の内容を電気通信回線を通じて情報の提供を受ける者の
　　　　閲覧に供し、当該情報の提供を受ける者の使用に係る電子計算機
　　　　に備えられたファイルに当該情報を記録する方法
　ロ　磁気ディスクその他これに準ずる方法により一定の情報を確実に記録
　　　しておくことができる物をもって調製するファイルに情報を記録したも
　　　のを交付する方法
　ハ　送信者が使用するファクシミリ装置と受信者が使用するファクシミ

具体的には、次のような方法による情報提供が認められている。

① 電子メール等の送信

② ウェブサイト上に表示し、ダウンロード等をさせる方法

③ CD-ROM や USB メモリー等の媒体に記録し、媒体を交付する方法

④ FAX による送信

ただし、受信者である運送人が当該情報を書面に出力（プリントアウト）できる方法である必要がある（商法施行規則第13条 [2]）。

　リ装置とを接続する電気通信回線を通じて送信する方法
　二　前号イ又はロに掲げる方法を使用する場合にあっては、ファイルへの記録
　　の方式
2）●商法施行規則（平成十四年法務省令第二十二号）
（電磁的方法）
第十三条　商法第五百七十一条第二項に規定する電子情報処理組織を使用する方
　法その他の情報通信の技術を利用する方法であって法務省令で定めるものは、
　次に掲げる方法とする。
　一　電子情報処理組織を使用する方法のうちイ又はロに掲げるもの
　　イ　送信者の使用に係る電子計算機と受信者の使用に係る電子計算機とを接
　　　続する電気通信回線を通じて送信し、受信者の使用に係る電子計算機に備
　　　えられたファイルに記録する方法
　　ロ　送信者の使用に係る電子計算機に備えられたファイルに記録された情報
　　　の内容を電気通信回線を通じて情報の提供を受ける者の閲覧に供し、当該
　　　情報の提供を受ける者の使用に係る電子計算機に備えられたファイルに当
　　　該情報を記録する方法
　二　磁気ディスクその他これに準ずる方法により一定の情報を確実に記録して
　　おくことができる物をもって調製するファイルに情報を記録したものを交付
　　する方法
　三　送信者が使用するファクシミリ装置と受信者が使用するファクシミリ装置
　　とを接続する電気通信回線を通じて送信する方法
2　前項第一号又は第二号に掲げる方法は、受信者がファイルへの記録を出力す
　ることにより書面を作成することができるものでなければならない。

【関連規定】

商法第 571 条

商法施行規則第 12 条、第 13 条

Q9　危険物通知義務

　荷送人は、危険物の運送を委託する場合、どのような義務を負いますか。

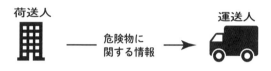

A

　荷送人は、危険物の運送を委託する場合、その引渡しの前に、運送人に対し、その旨及び当該運送品の品名、性質その他の当該運送品の安全な運送に必要な情報を通知しなければなりません。

▌解　説

　荷送人は、運送品が危険物（引火性、爆発性その他の危険性を有するもの）であるときは、その引渡しの前に、運送人に対し、その旨及び当該運送品の品名、性質その他の当該運送品の安全な運送に必要な情報を通知しなければならない（商法第572条）。

（関連規定）

商法第572条

Q10　危険物の具体例

商法上の「危険物」とは、具体的にどのようなものを指しますか。

A

　商法上の危険物、すなわち、「引火性、爆発性その他の危険性を有する物品」については、例えば、ガソリン、灯油、火薬類、高圧ガス、アルコール濃度の高い化粧品等がこれに該当します。

　これに対し、法律的に運送機関又は他の積荷に障害を及ぼすような運送品、例えば、輸入禁止品などの法禁物については、その運送に際して押収手続等による停車・停船に伴う運送遅延等の危険があるとしても、商法上の危険物には当たらないと解されます。

▌解　説

1　危険物とは

　商法上の危険物、すなわち、「引火性、爆発性その他の危険性を有する物品」（商法第572条）については、国際海上物品運送法第6条の解釈と同様に、物理的に危険な運送品を指すところ、例えば、ガソリン、灯油、火薬類、高圧ガス、アルコール濃度の高い化粧品等がこれに該当する。

2　法禁物（不該当）

　これに対し、法律的に運送機関又は他の積荷に障害を及ぼすような運送品、例えば、輸入禁止品などの法禁物については、その運送に際して押収手続等による停車・停船に伴う運送遅延等の危険があるとしても、商法上の危険物には当たらないと解される。

3　該当性の判断指針

　商法上の「危険物」の該当性については、基本的に、公法的な規定（消防法、危険物船舶運送及び貯蔵規則、航空法施行規則等）を参考にして判断される。また、特に新たに製造された化学薬品等については、安全確保の観点から危険性の有無が慎重に判断されることとなる。

4　車両による運送

　車両による危険物輸送については、次のとおり、消防法、火薬類取締法、高圧ガス保安法、毒物及び劇物取締法、道路法等による規制がある。

⑴　消防法

　同法別表第一に掲げる危険物を車両で運搬等する場合には、消防法第16条又は第16条の2に基づく基準（運搬容器、積載方法、運搬方法等）に従う必要がある。

（参照条文）
●**消防法**（昭和二十三年法律第百八十六号）
第十六条　危険物の運搬は、その容器、積載方法及び運搬方法について政令で定める技術上の基準に従つてこれをしなければならない。
第十六条の二　移動タンク貯蔵所による危険物の移送は、当該危険物を取り扱うことができる危険物取扱者を乗車させてこれをしなければならない。
②前項の危険物取扱者は、移動タンク貯蔵所による危険物の移送に関し政令で定める基準を遵守し、かつ、当該危険物の保安の確保について細心の注意を払わなければならない。
第十六条の九　この章の規定は、航空機、船舶、鉄道又は軌道による危険物の貯蔵、取扱い又は運搬には、これを適用しない。

⑵　火薬類取締法

　火薬類（火薬、爆薬等）を車両で運搬する場合には、火薬類取締法第19条及び第20条に基づく基準（所定の通路、積載方

法、運搬方法等）に従う必要がある。

（参照条文）

●**火薬類取締法**（昭和二十五年法律第百四十九号）

（運搬）

第十九条　火薬類を運搬しようとする場合は、その荷送人（他に運搬を委託しないで運搬する場合にあつては、その者）は、内閣府令で定めるところにより、その旨を出発地を管轄する都道府県公安委員会に届け出て、届出を証明する文書（以下「運搬証明書」という。）の交付を受けなければならない。ただし、船舶又は航空機のみにより火薬類を運搬する場合及び内閣府令で定める数量以下の火薬類を運搬する場合は、この限りでない。

2　都道府県公安委員会は、前項の届出があつた場合において、災害の発生の防止又は公共の安全の維持のため必要があると認めるときは、運搬の日時、通路若しくは方法又は運搬される火薬類の性状若しくは積載方法について、必要な指示をすることができる。

第二十条　火薬類を運搬する場合は、運搬証明書を携帯してしなければならない。ただし、前条第一項ただし書の規定により運搬証明書の交付を受けることを要しない場合は、この限りでない。

2　火薬類を運搬する場合（船舶又は航空機により運搬する場合を除く。）は、通路、積載方法及び運搬方法について内閣府令（鉄道、軌道、索道及び無軌条電車については、国土交通省令）で定める技術上の基準及び前条第一項の規定により運搬証明書の交付を受けることを要する場合にはその運搬証明書に記載された内容に従つてしなければならない。

(3)　**高圧ガス保安法**

　高圧ガスを車両で移動（運搬）する場合には、高圧ガス保安法第23条に基づく基準（容器、積載方法、移動方法等）に従う必要がある。

（参照条文）

●**高圧ガス保安法**（昭和二十六年法律第二百四号）

（適用除外）

第三条　この法律の規定は、次の各号に掲げる高圧ガスについては、適用しない。

　二　鉄道車両のエヤコンディショナー内における高圧ガス

　三　船舶安全法（昭和八年法律第十一号）第二条第一項の規定の適用を受ける船舶及び海上自衛隊の使用する船舶内における高圧ガス

　五　航空法（昭和二十七年法律第二百三十一号）の航空機内における高圧ガス

（移動）

第二十三条　高圧ガスを移動するには、その容器について、<u>経済産業省令で定める保安上必要な措置</u>を講じなければならない。

2　車両（道路運送車両法（昭和二十六年法律第百八十五号）第二条第一項に規定する道路運送車両をいう。）により高圧ガスを移動するには、その<u>積載方法及び移動方法について経済産業省令で定める技術上の基準に従つてしなければならない</u>。

(4)　毒物及び劇物取締法

　　毒物及び劇物取締法の別表第一に掲げる毒物（ヒ素等）又は同法別表第二に掲げる劇物（硫酸等）を車両で運搬する場合には、毒物及び劇物取締法第16条に基づく基準（容器、積載方法、運搬方法）に従う必要がある。また、荷送人は、運送人に対し、毒物又は劇物の名称、成分、数量等を通知しなければならない（毒物及び劇物取締法施行令第40条の6）。

（参照条文）

●毒物及び劇物取締法（昭和二十五年法律第三百三号）

（運搬等についての技術上の基準等）

第十六条　保健衛生上の危害を防止するため必要があるときは、政令で、毒物又は劇物の運搬、貯蔵その他の取扱について、技術上の基準を定めることができる。

●毒物及び劇物取締法施行令（昭和三十年政令第二百六十一号）

（荷送人の通知義務）

第四十条の六　毒物又は劇物を車両を使用して、又は鉄道によつて運搬する場合で、当該運搬を他に委託するときは、その<u>荷送人は、運送人に対し、あらかじめ、当該毒物又は劇物の名称、成分及びその含量並びに数量並びに事故の際に講じなければならない応急の措置の内容を記載した書面を交付しなければならない</u>。ただし、厚生労働省令で定める数量以下の毒物又は劇物を運搬する場合は、この限りでない。

（船舶による運搬）

第四十条の七　船舶により四アルキル鉛を含有する製剤を運搬する場合には、第四十条の二から第四十条の四までの規定にかかわらず、船舶安全法（昭和八年法律第十一号）第二十八条第一項の規定に基づく国土交通省令の定めるところによらなければならない。

(5)　道路法

爆発性又は易燃性を有する物件その他の危険物（火薬類、毒物・劇物、消防法上の危険物等）については、道路管理者は、水底トンネル等における積載車両の通行を禁止し又は制限することができる。

（参照条文）

●**道路法**（昭和二十七年法律第百八十号）

（通行の禁止又は制限）

第四十六条

3　道路管理者は、水底トンネル（水底トンネルに類するトンネルで国土交通省令で定めるものを含む。以下同じ。）の構造を保全し、又は水底トンネルにおける交通の危険を防止するため、政令で定めるところにより、爆発性又は易燃性を有する物件その他の危険物を積載する車両の通行を禁止し、又は制限することができる。

5　鉄道による運送

鉄道による危険物輸送については、鉄道営業法のほか、上記**4** (2)～(4)のとおり、火薬類取締法、高圧ガス保安法、毒物及び劇物取締法等による規制がある。

（参照条文）

●**鉄道営業法**（明治三十三年法律第六十五号）

第五条　火薬其ノ他爆発質危険品ハ鉄道カ其ノ運送取扱ノ公告ヲ為シタル場合ノ外其ノ運送ヲ拒絶スルコトヲ得

6 船舶による運送

　船舶による危険物輸送については、船舶安全法に基づき、危険物船舶運送及び貯蔵規則（以下「危規則」という。）による規制がある。危規則では、国際海事機関（IMO）が定める IMDG コード（International Maritime Dangerous Goods Code。海上における人命の安全のための国際条約〔SOLAS 条約〕附属書第Ⅶ章 A 部に規定）に基づき、危険物を 9 つに分類した上で、容器、標札、積載方法等について具体的に規定している。

　また、危規則では、危険物の荷送人は、船舶所有者等に対し、危険物の国連番号（UN ナンバー）、品名、等級、隔離区分、副次危険性等級、容器等級等を記載した危険物明細書を提出しなければならないとされている（危規則第 17 条）[1]。

（参照条文）
●**船舶安全法**（昭和八年法律第十一号）
第二十八条　危険物其ノ他ノ特殊貨物ノ運送及ビ貯蔵ニ関スル事項並ニ危険及気象ノ通報其ノ他船舶航行上ノ危険防止ニ関スル事項ニシテ左ニ掲グルモノハ国土交通省令ヲ以テ之ヲ定ム
　一　危険物其ノ他ノ特殊貨物ノ収納、積附其ノ他ノ運送及ビ貯蔵ニ関スル技術的基準
●**危険物船舶運送及び貯蔵規則**（昭和三十二年運輸省令第三十号）
（危険物明細書）
第十七条　<u>危険物の荷送人</u>は、第三十条第一項又は第三十五条第一項の規定によりコンテナ危険物明細書又は自動車等危険物明細書を提出する場合を除き、あらかじめ、次の各号に掲げる事項を記載した<u>危険物明細書を船舶所有者又は船長</u>（危険物をコンテナに収納して運送する場合であつて、船舶所有者が収納する場合は、船舶所有者に限る。次条において同じ。）<u>に提出しなければならない。</u>

1）このほか、港則法では、港内の船舶交通の安全及び整とんという観点から、危規則に定める危険物のうち告示で定めるものを積載した船舶について、特定港における危険物の積込み・荷卸し等に港長の許可を要すること等を定めている（港則法第 21 条から第 23 条まで、同法施行規則第 12 条）。

　一　荷送人の氏名又は名称及び住所
　二　荷受人の氏名又は名称及び住所
　三　危険物明細書を作成し、又は船舶所有者若しくは船長に提出した年月日
　四　危険物の国連番号、品名、等級、隔離区分、副次危険性等級及び容器等級
　五　個数及び質量又は容積
　六　その他告示で定める事項

7　航空機による運送

　航空機による危険物輸送は、原則として禁止されている（航空法第 86 条第 1 項）が、例外的に、航空法施行規則第 194 条第 2 項に定める基準（包装方法及び積載方法、容器及び包装、ラベル、明細書類の携行等）に従うことを条件に許容されている。

（参照条文）
●**航空法**（昭和八年法律第十一号）
（爆発物等の輸送禁止）
第八十六条　爆発性又は易燃性を有する物件その他人に危害を与え、又は他の物件を損傷するおそれのある物件で国土交通省令で定めるものは、航空機で輸送してはならない。
●**航空法施行規則**（昭和二十七年運輸省令第五十六号）
（輸送禁止の物件）
第百九十四条　法第八十六条第一項の国土交通省令で定める物件は、次に掲げるものとする。
　一　火薬類　火薬、爆薬、火工品その他の爆発性を有する物件
　二　高圧ガス　（以下略）
2　前項の規定にかかわらず、次の各号に掲げる物件は、法第八十六条第一項の国土交通省令で定める物件に含まれないものとする。
　一　告示で定める物件（放射性物質等を除く。）であつて次に掲げるところに従つて輸送するもの
　　イ　告示で定める技術上の基準に従うこと。
　　ロ　（以下略）

関連規定　　商法第 572 条

Q11　危険物通知義務に違反した場合の責任

　危険物の通知義務に違反した荷送人は、どのような責任を負いますか。

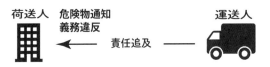

A

　危険物の通知義務に違反した荷送人は、基本的には、債務不履行に関する民法の規律に従って損害賠償責任を負うこととなりますが、自己に帰責事由がないことを主張立証したときは、その責任を負わないこととなります。

▌解　説

1　荷送人の債務不履行責任

　危険物通知義務違反による荷送人の責任については、商法上特段の規定はなく、債務不履行に関する民法の規律に従うこととなる。

　そのため、荷送人は、通知義務違反により運送人に損害が生じた場合には、債務不履行による損害賠償責任を負うが、自己に帰責事由がないことを主張立証したときは、その責任を負わないこととなる（民法第415条第1項）。

2　民商法上、帰責事由がない場合は責任を負わないとされた理由

　上記 1 は、物流においては、製造業者、商社、利用運送事業

者など様々な関係者が危険物の荷送人となるところ、その賠償責任の有無及び範囲については、それぞれの知識・経験、運送品が危険物であることの認識可能性等を踏まえ、各自の帰責性に応じた弾力的な判断ができるようにすべきであること等の理由によるものであるとされている。

　例えば、フォワーダー等の利用運送人を介するコンテナ運送においては、第三者（実荷主）から運送を引き受けたコンテナにつき、利用運送人自らが荷送人となって実運送人に運送を委託するということが行われるが、実務上、利用運送人がコンテナの中身を自ら確認することはないといわれている。このような場合において、当該第三者の作成した送り状に危険物との記載がなく、利用運送人として危険物と認識し得る余地もないときなどは、荷送人となる利用運送人に帰責事由がないことがあり得る。

3　裁判実務の傾向

　ただし、現在の裁判実務は、危険物に関する通知の欠如について、厳しく責任を問う傾向にあると考えられる。

　例えば、東京高裁平成25年2月28日判決・判例時報2181号3頁は、製造業者の作成したSDS（安全データシート）の国連分類欄及び国連番号欄などが空白であった事案に関し、実運送人から不法行為に基づく損害賠償請求を受けた商社について、海上運送の荷送人には公法上の危険物分類義務が課せられていることを前提に、「製造業者に危険性評価試験の実施の有無及びその結果を確認し、これが実施されていなかったとすれば、その実施を指示するか又は自ら試験機関に委託して実施させ、その結果に基づいて危険物該当性の有無を分類すべき注意義務があった」などとして、過失が認められる旨を判示した。

4　運送人の主観面が与える影響

　仮に荷送人に通知義務違反がある場合において、運送人が①危険物であること等を知っていたとき、又は②運送人の過失によって知らなかったときについては、次のように整理される。

①　運送人が危険物であること等を知っていたときについては、運送人が知っていたにもかかわらず危険物の運送に必要な措置を怠ったものと認められると考えられ、荷送人の通知義務違反と発生した損害との間の相当因果関係が認められない結果、荷送人の債務不履行責任が発生しないこととなり得る。

②　運送人の過失によって危険物であること等を知らなかったときについては、運送人の過失の程度に応じた過失相殺がされること（民法第418条）によって、荷送人の責任が減免されることとなると考えられる。

5　通知義務や違反した場合の責任についての特約が可能

　他方で、危険物通知義務（商法第572条）や債務不履行に関する民法の規律が任意規定（特約がなかった場合に適用されるデフォルト・ルール）と考えられていることから、運送人・荷送人間では、基本的には、これと異なる内容の合意をすることが可能となる。

　例えば、継続的に同内容の危険物を運送することを内容とする運送取引では、取引基本契約書等で通知義務を簡略化することを合意すること（ただし、これは、あくまで契約当事者間の私法上の通知義務に関する合意であり、公法上の通知義務については、別途検討を要する。）や、その運送の危険性、危険物への対処可能性、荷送人側の性質等に応じて、荷送人が通知義務に違反した場合には、その帰責事由の有無に関係なく、これによって生じた損害の賠償責任を負うこと（無過失責任）を合意することなどが考えられる。

6　約款における規定例

　例えば、消費者との間の契約を念頭に置いた標準宅配便運送約款[2]及び標準引越運送約款[3]では、通知義務に違反した荷送人の責任は過失責任であることが明記されている。

2）標準宅配便運送約款の規定は、次のとおりである。
　（危険品についての特則）
　第十五条　荷送人は、爆発、発火その他運送上の危険を生ずるおそれのある貨物については、あらかじめ、その旨を当店に明告し、かつ、これらの事項を当該貨物の外部の見やすい箇所に明記しなければなりません。
　（荷送人の賠償責任）
　第二十九条　荷送人は、荷物の欠陥又は性質により当店に与えた損害について、損害賠償の責任を負わなければなりません。ただし、荷送人が過失なくしてその欠陥若しくは性質を知らなかったとき、又は当店がこれを知っていたときは、この限りではありません。
3）標準引越運送約款の規定は、次のとおりである。
　（引受拒絶）
　第四条
　2　荷物が次に掲げるものであるときは、当該荷物に限り引越運送の引受けを拒絶することがあります。
　　二　火薬類その他の危険品、不潔な物品等他の荷物に損害を及ぼす恐れのあるもの
　（荷物の種類及び性質の確認）
　第八条　当店は、荷物を受け取る時に、第四条第二項各号に掲げる荷物、貴重品（第四条第二項第一号及び第三号に掲げるものを除く。）、壊れやすいもの（パソコン等の電子機器を含む。第二十四条第二項において同じ。）、変質若しくは腐敗しやすいもの等運送上特段の注意を要するものの有無並びにその種類及び性質を申告することを荷送人に求めます。
　（荷送人又は荷受人等の賠償責任）
　第二十九条　荷送人又は荷受人等は、自らの故意若しくは過失により、又は荷物の性質若しくは欠陥により当店に与えた損害について、損害賠償の責任を負わなければなりません。ただし、荷送人又は荷受人等が過失なくしてその性質若しくは欠陥を知らなかったとき、又は当店がこれを知っていたときは、この限りでありません。

　これに対し、それ以外の標準運送約款[4]では、荷送人の申告
の不備によって運送人に損害が生じた場合に、荷送人がその損害
の賠償責任を負うなどと定めているが、荷送人に過失がなかった
場合に免責されるか否かは明記されていないものもある。

（参照条文）
●**民法**（明治二十九年法律第八十九号）
（債務不履行による損害賠償）
第415条　債務者がその債務の本旨に従った履行をしないとき又は債務の履
　　行が不能であるときは、債権者は、これによって生じた損害の賠償を請求
　　することができる。ただし、その債務の不履行が契約その他の債務の発生
　　原因及び取引上の社会通念に照らして債務者の責めに帰することができな
　　い事由によるものであるときは、この限りでない。
2　（略）
（過失相殺）
第418条　債務の不履行又はこれによる損害の発生若しくは拡大に関して債
　　権者に過失があったときは、裁判所は、これを考慮して、損害賠償の責任
　　及びその額を定める。

関連規定

商法第572条

民法第415条、418条

4）標準貨物自動車運送約款の規定は、次のとおりである。
　（危険品についての特則）
　第十五条　荷送人は、爆発、発火その他運送上の危険を生ずるおそれのあ
　　る貨物については、あらかじめ、その旨を当店に明告し、かつ、これら
　　の事項を当該貨物の外部の見やすい箇所に明記しなければなりません。
　（運送状等の記載の不完全等の責任）
　第四十三条　当店は、運送状若しくは外装表示等の記載又は荷送人の申告
　　が不実又は不備であったために生じた損害については、その責任を負い
　　ません。
　2　前項の場合において、当店が損害を被ったときは、荷送人はその損害
　　を賠償しなければなりません。

Q12　運送賃の支払義務

　運送賃はどの時点で支払う必要がありますか。支払わなかった場合、運送人はどのような手段をとることができますか。

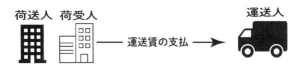

A

1　商法上、運送賃は、到達地における運送品の引渡しと同時に支払わなければならないとされています。しかし、宅配便等では、約款により、運送賃が前払とされています。したがって、契約書、約款等の運送賃の支払時期に関する規定を確認する必要があります。

2　支払期限を経過しても運送賃が支払われない場合、運送人は、自ら占有しているその運送品を留置し、また、先取特権に基づきこれを現金化することでの債権回収を図ることができます。ただし、このような留置権又は先取特権の行使の可能性について、運送人から荷主（荷送人又は荷受人）に連絡した場合、早期に運送品を受け取りたい荷主であれば、未払運送賃の支払の交渉に応ずることが考えられます。

▌解　説

1　商法の規定

　商法上、運送賃は到達地における運送品の引渡しと同時に支払わなければならないと規定されている（商法第573条第1項）。こ

れは、物品運送においては、物品を運送して荷受人に引き渡すことと運送賃の支払とが対価関係にあり、運送品の引渡しと運送賃の支払とが同時履行の関係にあることが前提とされているからである。

2 特約による変更

もっとも、実務上、運送賃の支払時期については、特約によって変更されていることが多い。

例えば、事業者間の物品運送契約のうち、①陸上運送又は国内海上運送においては、月末締めの翌月末日払いなどのように、運送賃を掛けの後払いとする例が多く見られる一方、②国際海上運送又は国内・国際航空運送においては、前払とする例が多いようである。

また、消費者が荷送人となる運送契約のうち、標準宅配便運送約款では、原則として前払とされているが、例外的に着払も認められている。標準引越運送約款では、引越作業後の後払いとされている。

3 運送人による運送賃の回収手段

運送賃が支払期限までに支払われない場合、運送人は、次のような手段をとることが考えらえる。

⑴ 留置権

運送人は、運送品に関して受け取るべき運送賃、付随の費用及び立替金のうち支払期限を経過したものについては、その支払を受けるまで、その運送品を留置することができる（商法第574条）。

なお、商法第574条では、「運送人は、運送品に関して受け取るべき運送賃等についてのみ、その運送品を留置することができる」旨定めている。これは、運送品について、仮に被担保債権（運送賃等）と留置物（対象となる運送品）との牽連性（債権と物と

の間の関係性、債権が物に関して発生していること）を要しない商
事留置権（商法第521条）が成立すると、被担保債権の範囲が広
がりすぎ、荷受人の保護に欠けるため、商法第574条によって商
事留置権の規定を適用しないこととし、両者の牽連性を要求する
趣旨とされている。ただし、裁判例（東京高裁昭和58年9月27日
決定・判例タイムズ515号154頁）には、特に理由を付さず、運送
品について運送人の商事留置権を認めるものがあり、これに沿う
学説も見られるところである。

（参照条文）
●**商法**（明治三十二年法律第四十八号））
（商人間の留置権）
第521条　商人間においてその双方のために商行為となる行為によって生じ
　　た債権が弁済期にあるときは、債権者は、その債権の弁済を受けるまで、
　　その債務者との間における商行為によって自己の占有に属した債務者の所
　　有する物又は有価証券を留置することができる。ただし、当事者の別段の
　　意思表示があるときは、この限りでない。

(2)　運輸の先取特権

　　運送人は、荷物の運送賃及び付随の費用についての債権を有す
る場合、運送人の占有する荷物について動産先取特権を有する
（民法第311条第3号、第318条）。この場合、運送人は、先取特権
に基づき、当該占有する荷物を差押えする等により換価して、未
払の運送賃等の回収を図ることができる。

（参照条文）
●**民法**（明治二十九年法律第八十九号）
（動産の先取特権）
第311条　次に掲げる原因によって生じた債権を有する者は、債務者の特定
　　の動産について先取特権を有する。
　　一・二　（略）
　　三　旅客又は荷物の運輸
　　四〜八　（略）

（運輸の先取特権）
第318条　運輸の先取特権は、旅客又は荷物の運送賃及び付随の費用に関し、運送人の占有する荷物について存在する。

⑶　荷主の支払交渉

　もっとも、このような留置権又は先取特権の行使の可能性について、運送人から荷主（荷送人又は荷受人）に連絡した場合、早期に運送品を受け取りたい荷主であれば、未払運送賃の支払の交渉に応ずることが考えられるため、実際に差押え・競売の実行まで完了することは稀であると思われる。

関連規定

商法第521条、第574条
民法第311条第3号、第318条

Q13　運送品の供託及び競売

　どのような場合に、運送品が供託又は競売されることになります
か。また、運送人が裁判所の手続を経ずに運送品を売却（任意処
分）することはできますか。

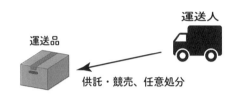

運送人

運送品

供託・競売、任意処分

A

1　運送人は、①荷受人を確知することができない場合（確知不
　能）、又は、②荷受人が運送品の受取を拒み（受領拒絶）若しくは
　これを受け取ることができない場合（受領不能）には、運送品を
　供託することができます。
2　また、①確知不能の場合には、基本的には、荷送人への催告を
　経て、②受領拒絶・受領不能の場合には、荷受人への催告を経て、
　運送人は、運送品を競売に付することができます。
3　法律上、運送人が、裁判所の手続を経ずに運送品を売却（任意
　処分）することを認める規定はありません。運送契約・約款等に
　おいて、そのような任意処分権を運送人に付与する例もあります
　が、後日、運送品の所有者（同運送契約等に同意していない者）か
　ら損害賠償請求を受ける等のリスクは依然残るので、慎重に検討
　することが必要です。

▌解　説

1　供託権

　運送人は、①荷受人を確知することができない場合（確知不能）、又は、②荷受人が運送品の受取を拒み（受領拒絶）若しくはこれを受け取ることができない場合（受領不能）には、運送品を供託することができる（商法第582条第1項、第583条）。

　ただし、供託法上の指定業者でないと供託保管を引き受けられないこと（供託法第5条）、事実上運送人が荷受人等に代わり（同法第7条）その保管料の支出をせざるを得なくなること等から、実務上は、この供託が行われることは稀であるようである。

2　競売権

⑴　①荷受人を確知することができない場合（確知不能）には、運送人は、荷送人に対して相当の期間を定めて運送品の処分につき指図をすべき旨を催告したにもかかわらず、荷送人がその指図をしないときに、運送品を競売に付することができる（商法第582条第2項）。

　　②荷受人が運送品の受取を拒み（受領拒絶）若しくはこれを受け取ることができない場合（受領不能）には、運送人は、まず荷受人に対し相当の期間を定めて運送品の受取を催告し、次に、その期間の経過後に荷送人に対し上記指図をすべき旨を催告したにもかかわらず、その指図がなかったときに、運送品を競売に付することができる（商法第583条、第582条第2項）。

　　この競売は、民事執行法第195条の形式的競売手続により行われる。

⑵　ただし、損傷その他の事由（例えば、腐敗しやすい等）による

価格の低落のおそれがある運送品は、上記催告をしないで競売に付することができる（商法第582条第3項、第583条）。

(3)　運送人は、運送品を競売に付したときは、その代価を供託しなければならないが、その代価の全部又は一部を運送賃等に充当することも可能である（商法第582条第4項、第583条）。

(4)　運送人が、運送品を供託し又は競売に付したときは、遅滞なく荷送人（②荷受人の受領拒絶又は受領不能の場合は、荷送人及び荷受人）に通知を発しなければならない（商法第582条第5項、第583条）。

(5)　実務上、受取拒絶等の場合には、運送人は、自社倉庫において運送品を保管し、また、裁判所の競売手続によりこれを換価し、保管料と相殺することがあるといわれる（ただし、価値の乏しい運送品については、自らが廉価で競落せざるを得ないようである。）。

3　任意処分

　法律上、運送人が、裁判所の手続を経ずに運送品を売却（任意処分）することを認める規定はない。

　他方で、実務上、運送契約・約款等において、そのような任意処分権を運送人に付与する例もある。このような合意自体は当事者間では有効であると考えられるが、運送品の真の所有者がその合意の当事者でない場合においては、運送人のそのような任意処分は無権限者による処分とみなされる可能性があり、後日、当該運送品の所有者から損害賠償請求を受ける等のリスクは依然残ることとなるため、運送人としては、任意処分の実施について慎重に検討することが必要である。

●標準貨物自動車運送約款
（引渡不能の貨物の任意売却）

第二十四条　当店は、荷受人を確知することができない場合又は第二十条第
　二項の場合において、その貨物が腐敗又は変質しやすいものであって、第
　二十条の手続をとるいとまがないときは、その手続によらず、公正な第三
　者を立ち会わせて、これを売却することがあります。

（参照条文）
●供託法（明治 32 年法律第 15 号）
第五条　法務大臣ハ法令ノ規定ニ依リテ供託スル金銭又ハ有価証券ニ非サル
　物品ヲ保管スヘキ倉庫営業者又ハ銀行ヲ指定スルコトヲ得
②倉庫営業者又ハ銀行ハ其営業ノ部類ニ属スル物ニシテ其保管シ得ヘキ数量
　ニ限リ之ヲ保管スル義務ヲ負フ
第七条　倉庫営業者又ハ銀行ハ第五条第一項ノ規定ニ依ル供託物ヲ受取ルヘ
　キ者ニ対シ一般ニ同種ノ物ニ付テ請求スル保管料ヲ請求スルコトヲ得

【関連規定】

商法第 582 条、第 583 条

民事執行法第 195 条

供託法第 5 条、第 7 条

Q14　運送賃の消滅時効

物品運送の運送賃の支払義務は、時効によって消滅しますか。

A

　物品運送の運送賃の支払義務は、１年の短期消滅時効によって消滅します。

▌解　説

　商法上、運送人の荷送人又は荷受人に対する債権（運送賃を含む。）は、これを行使することができる時から１年間行使しないときは、時効によって消滅すると規定されている（商法第586条）。なお、この短期消滅時効に服する債権は、「運送人の荷送人又は荷受人に対する債権」と広く規定されており、運送賃がその典型例であるが、それ以外にも、費用償還請求権や損害賠償請求権等も含まれると解される。

　民法の消滅時効の期間より大幅に短縮されているので、注意が必要である。

【関連規定】

商法第586条

Column3　弁護士（法律家）の思考方法

1　はじめに

　皆さんは、何か困ったことが起こってしまい、弁護士に相談に行った際、弁護士に対して、事実関係、困ったことの内容、今後どうしたいか等を話すと、弁護士から、「それはだいたい〇〇円くらいの賠償金を請求できますね」などと回答されたことはありませんか。また、弁護士に相談したことなんて一度もない、という方でも、このようなやり取りは容易に想像できるかと思います。

　このような法律相談の場面で、弁護士は、頭の中でどのようなことを考えているのか、弁護士（法律家）の思考方法（リーガルマインド）を、簡単な事例をもとにご説明します。

2　弁護士の思考方法

　たとえば、あなたは、自転車で道路を横断しようとしたときに、自動車に追突されて右腕を骨折し、1か月間の通院が必要になったとしましょう。このとき、あなたは、加害者に対して、治療費、慰謝料、休業補償等を請求したい、と考えるでしょう。ただし、民法、その他の法律を見ても、直接的に、「交通事故に遭った場合には、治療費、慰謝料、休業補償を請求できる」とは書いていません。

　では、どのように考えれば、「〇〇円くらいの賠償金を請求できる」という回答に至るのでしょうか。このような場合には、弁護士は、通常、次のような思考方法によって、回答を導き出します。

　[1] 当事者の請求（生の主張）を特定
　[2] 請求を基礎付ける法的根拠（条文等）を特定
　[3] 法律要件へのあてはめ
　[4] 法律効果の発生
　[5] 具体的な請求（生の主張）権発生
　　※これを司法試験受験界では、「請求権パターン」と呼ぶことがあります。

⑴　[1]　当事者の請求（生の主張）を特定

　まず、当事者の請求を特定します。「生の主張」とも書きましたが、これは簡単にいえば、法律云々を抜きにして、あなたが加害者（相手方）に対して何を言いたいか、ということです。たとえば、今回の事例でいえば、「金払え」です。他には、「物よこせ」、「建物を明け渡せ」、「その行為をやめろ」、などが考えられます。ここで、一点だけご留意いただきたいのが、名誉権の侵害など特殊なケースを除き、「迷惑かけたことを謝れ」ということは法律では強制できないということです。迷惑をかけたことは事実なので、謝罪文や反省文で誠意を示せ、というのは、道義的にはごもっともなのですが、法律ではそれを強制することはできません。

⑵　[2]　請求を基礎付ける法的根拠（条文等）を特定

　生の主張「金払え」というのを特定すると、次のステップとしては、この「金払え」という請求を基礎付ける法的根拠（条文等）を特定します。生の主張に法律のフィルターをかけることで、法的に請求できるレベルまで持ち上げるわけです。たとえば、「金払え」であれば、①当事者間に何らかの契約関係がある場合には、成立した契約に基づく履行請求、債務不履行（契約違反）に基づく損害賠償請求（民法第 415 条）、契約不適合責任の追及（民法第 562 条、第 563 条）などが、また、②当事者間に契約関係がない場合には、事務管理（民法第 702 条）、不当利得（民法第 703 条、第 704 条）、不法行為（民法第 709 条、第 710 条）などがあります。

　今回の事例では、あなたと加害者との間には、通常、契約関係はないので、後者の②のうちから選ぶことになり、各条文を読むと、不法行為（民法第 709 条、第 710 条）が適切ではないかと判断することになります

⑶　[3]　法律要件へのあてはめ

　法的根拠を特定すると、次のステップは、法律要件（条文等）へのあてはめになります。関連する民法の条文として、以下のものが考えられます。

　（不法行為による損害賠償）
　第709条　故意又は過失によって他人の権利又は法律上保護される利益を侵害した者は、これによって生じた損害を賠償する責任を負う。
　（財産以外の損害の賠償）
　第710条　他人の身体、自由若しくは名誉を侵害した場合又は他人の財産権を侵害した場合のいずれであるかを問わず、前条の規定により損害賠償の責任を負う者は、財産以外の損害に対しても、その賠償をしなければならない。

　この条文から、不法行為に基づく損害賠償請求の法律要件を抽出すると、以下のア〜エになります。
　ア　「故意」又は「過失」があること
　イ　「他人の権利」又は「法律上保護される利益」を「侵害」すること（行為の違法性）
　ウ　その行為により「損害」が生じたこと
　エ　加害行為と損害発生との間に因果関係があること（「これによって」）

　そして、今回の事例の事実関係を、ア〜エの各要件にあてはめていきます。
　ア「過失」については、本件のような交通事故であれば、加害者は、自動車を運転していた際に、前方不注意などの「過失」が認められるのが通常です。
　イ「他人の権利」の「侵害」については、加害者の追突行為によって、あなたは骨折をしており、あなたの権利を侵害していることが認められます。
　ウ「損害」については、あなたは、1か月間の通院が必要になったので、その治療費、通院に要する交通費、自転車の修理代金、精神的な苦痛を負ったことに対する慰謝料、仕事を休む必要が出てそれにより減給になれば減額された分の給料などが損害に当たることになります。
　エ「因果関係」については、加害行為と損害との間に相当因果関

係があること、つまり、加害行為によって、その損害が通常発生するであろうと認められることが必要です。ウで挙げた損害については、通常、相当因果関係が認められると思われますが、たとえば、通院期間中に風邪をひいたので、内科に通ったことにより発生した治療費などについては、通常、相当因果関係が認められません。

このように条文等から法律要件を抽出して、法律要件に事実をあてはめます。

そして、もう一つ重要なことは、この法律要件の解釈の問題として、判例が重要になるということです。たとえば、上記エ「因果関係」について、条文には「これによって生じた」としか規定されていません。ここで「相当因果関係」が必要とされるのは、まさに判例によって解釈され、それが実務上確立されているからです。このように、民法に関する判例の多くは、この法律要件の解釈の問題であると理解されると、判例もより読みやすいものになるでしょう。

(4) [2]　法律効果の発生

法律要件へ事実をあてはめた結果、必要な要件をすべて満たした場合には、法律効果が発生することになります。今回の事例でいえば、加害者が、不法行為責任に基づいて〇〇円の「損害を賠償する責任を負う」ことになります。

ここで「[2]」法律効果の発生と書いているのがポイントで、[1] ⇒ [2] ⇒ [3] と検討した後は、[2] ⇒ [1] と来た道を戻るだけなのです。

(5) [1]　具体的な請求権発生

[2] 法律効果が発生すれば、当然、具体的な請求権が発生します。今回の事例でいえば、「金払え」という生の主張が法的に認められるわけです。訴状をご覧になったことがある方はぜひ訴状の内容を思い出していただきたいのですが、訴状の冒頭「請求の趣旨」の欄が、実はこの生の主張に当たるのです。

3　最後に

　以上のように、弁護士（法律家）の思考方法は、実は一定のルールに従っていることがおわかりいただけたのではないでしょうか。弁護士の思考方法が理解できれば、社会で起こる様々な法律問題が、今より少し理解しやすくなるはずです。

(3) 運送人の義務・責任

Q15 運送中の物品の売主等の取戻権

売主（荷送人）が売買の目的である物品を買主（荷受人）に発送した場合において、買主がまだ代金の全額を弁済せず、かつ、到達地で買主がその物品を受け取らない間に買主について破産手続開始の決定があったときは、売主は、その物品を取り戻すことができますか。

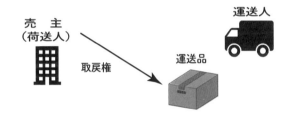

A

本問のような場合には、売主は、その物品を取り戻すことができます。ただし、買主の破産管財人が代金の全額を支払ってその物品の引渡しを請求することができるとされています。

▌解　説

1　取戻権の要件

売主に運送品の取戻権が認められるためには、①隔地者（離れた場所にいる者）間の売買であること、②買主が代金を完済していないこと、③破産手続開始決定の当時に買主が到達地で目的物

を受領していないことの３つの要件が必要となる（破産法第63条
第１項本文）。ただし、買主の破産管財人が代金の全額を支払っ
てその物品の引渡しを請求することができる（同項ただし書）。

2　取戻権の意義

　売主は、動産売買先取特権をもち（民法第311条第５号、第321
条）、これを基礎として別除権者の地位を与えられるが（破産法第
２条第９号）、目的物自体を取り戻すことはできないため、この
特別の取戻権の独自の意義が認められるとされる。

3　運送品処分権との競合

　他方で、目的物の運送中は、売主は運送人に対して運送の中止
等の請求（運送品処分権）をすることもできるから（商法第580
条）、破産法上の取戻権は、売主（荷送人）の運送品処分権と競合
する。

（参照条文）
●**破産法**（平成十六年法律第七十五号）
（定義）
第二条
9　この法律において「別除権」とは、破産手続開始の時において破産財団
　に属する財産につき特別の先取特権、質権又は抵当権を有する者がこれら
　の権利の目的である財産について第六十五条第一項の規定により行使する
　ことができる権利をいう。
（運送中の物品の売主等の取戻権）
第六十三条　売主が売買の目的である物品を買主に発送した場合において、
　買主がまだ代金の全額を弁済せず、かつ、到達地でその物品を受け取らな
　い間に買主について破産手続開始の決定があったときは、売主は、その物
　品を取り戻すことができる。ただし、破産管財人が代金の全額を支払って
　その物品の引渡しを請求することを妨げない。

関連規定

破産法第 63 条第 1 項、第 2 条第 9 号

民法第 311 条第 5 号、第 321 条

商法第 580 条

Q16　運送品の損傷についての損害賠償責任

　運送品が損傷していたので、荷送人から運送人に対して損害賠償請求をしたいと思っています。荷送人は、どのような事実を立証しなければならないでしょうか。

　また、運送人は、どのような内容の損害賠償責任を負いますか。

A

1　①まず、荷送人側において、運送人による運送品の受取後、引渡しまでの間に運送品の損傷又はその原因が生じたことを証明すれば、運送人は、原則として、損害賠償責任を負うこととなります。ただし、②運送人側において、運送品の受取、運送、保管及び引渡しについて注意を怠らなかったことを証明したときは、運送人は損害賠償責任を免れます。

2　上記1の結果、運送人が損害賠償責任を負う場合において、(i)高価品特則による免責、(ii)荷受人による異議がない受取による免責、(iii)1年の期間経過による免責、(iv)損害賠償額の定額化による責任の一部免除等によって、運送人の責任が免除又は軽減される場合があります。

▌解　説

1　運送人の責任原則

　運送品の滅失、損傷又は延着（以下「滅失等」という。）についての運送人の損害賠償責任の有無については、民法の債務不履行の特則として、商法第575条の責任原則に従うこととなる。

　具体的には、①まず、荷送人側において、運送人による運送品の受取後、引渡しまでの間に運送品の滅失等又はその原因が生じたことを証明すれば、運送人は、原則として、運送品の滅失等についての損害賠償責任を負うこととなる（商法第575条本文）。ただし、②運送人側において、運送品の受取、運送、保管及び引渡しについて注意を怠らなかったことを証明したときは、運送人は損害賠償責任を免れる（同条ただし書）。

2　運送人の責任の免除・軽減

　ただし、上記1の結果、運送人が損害賠償責任を負う場合において、次のような特則によって、運送人の責任が免除又は軽減される場合がある。

(i)　高価品特則による免責

　運送品が高価品の場合において、荷送人が運送を委託するに当たりその種類及び価額を通知していないときは、運送人の責任は免除される（商法第577条第1項）。

　ただし、①物品運送契約の締結の当時、運送品が高価品であることを運送人が知っていたときや、②運送人の故意又は重過失によって高価品の損傷が生じたときは、運送人は免責されない（同条第2項）。

(ii)　荷受人による異議がない受取による免責

　①運送品に直ちに発見することができる損傷又は一部滅失が

あった場合において、荷受人が特に何も異議を伝えずに運送品を受け取ったときは、運送人の責任はその時点で消滅する（商法第584条第1項本文）。②運送品に直ちに発見することができない損傷又は一部滅失があった場合においては、荷受人が受領の日から2週間以内に運送人に対してその損傷についての通知を発しないときは、運送人の責任は消滅する（同項ただし書）[1]。ただし、③運送品の引渡しの当時、運送人がその運送品に損傷又は一部滅失があることを知っていたときは、上記①又は②の免責は適用されない（同条第2項）。

ⅲ　1年の期間経過による免責

　荷受人が運送品を受領した日（運送品の全部滅失の場合、その引渡しがされるべき日）から1年（除斥期間）以内に裁判等がされないときは、運送人の責任は消滅する（商法第585条第1項）。

ⅳ　損害賠償額の定額化による責任の一部免除

　上記ⅰからⅲによる免責がなく、運送人が運送品の滅失又は損傷についての損害賠償責任を負う場合には、その損害賠償の額は、運送品の引渡しがされるべき場所において、その時における運送品の市場価格によって定められる（商法第576条第1項）。これにより、運送品が損傷した分（市場価格と現実の損傷後の価格との差分）のみが賠償されることとなり、例えば、荷受人が運送品を転売することによって得られたはずの利益（逸失利益）は賠償対象から除外されることとなる。ただし、①運送品の滅失又は損傷のために支払うことを要しなくなった運送賃その他の費用は、運送

---

1 ）標準宅配便運送約款第24条第1項では、①運送品に直ちに発見することができる損傷又は一部滅失か否かという場合分けはなく、一律に14日以内の通知がないことによって運送人が免責される旨規定されている。
　他方、標準引越運送約款第25条第1項では、同様に一律ではあるが、3か月以内の通知がないことによる運送人の免責が規定されており、荷受人に損傷等の発見・通知の猶予期間がより長く与えられている。

人の損害賠償の額から控除され（同条第2項）、また、②運送人の故意又は重大な過失によって運送品の滅失又は損傷が生じたときは、損害賠償額の定額化による一部免責は適用されない（同条第3項）。

3　不法行為責任への準用

　上記**2**の法律上の各種運送人減免規定については、運送品の滅失等についての運送人の荷送人又は荷受人に対する<u>不法行為</u>による損害賠償の責任についても準用される。ただし、荷受人があらかじめ荷送人の委託による運送を拒んでいたにもかかわらず荷送人から運送を引き受けた運送人の荷受人に対する責任については、準用されない（商法第587条）。

4　運送人の被用者の不法行為責任への準用

　上記**3**によって運送品の滅失等についての運送人の損害賠償の責任が免除され又は軽減される場合には、その責任が免除され又は軽減される限度において、その運送品の滅失等についての運送人の被用者の荷送人又は荷受人に対する不法行為による損害賠償の責任も、免除され又は軽減される（商法第588条第1項）。ただし、運送人の被用者の故意又は重大な過失によって運送品の滅失等が生じたときは、このような減免規定は適用されない（同条第2項）。

関連規定

商法第575条、第576条、第577条、第584条、第585条、第587条、第588条

Q17　損害賠償額の定額化、荷受人による損害の通知

　当社は、荷受人として運送人から運送品である部品 200 個を受領しました。受領時には何も気付きませんでしたが、その翌日、部品 200 個中 60 個に損傷があることに気付きました。この部品は、当社が甲社から特注を受けた製品 A を組み立てるために不可欠なもの（製品 A 1 個につき部品 2 個が必要）でしたので、甲社から発注のあった製品 A 100 個のうち、70 個しか納期までに納品することができないこととなりました。甲社は、製品 A の残発注分の 30 個については、納期限に間に合わないことを理由にキャンセルしました。当社としては、部品 60 個の損傷は運送中に発生したと考えているので、運送人に対し、キャンセルされた製品 A 30 個分についての逸失利益も含めて責任追及したいのですが、可能ですか。

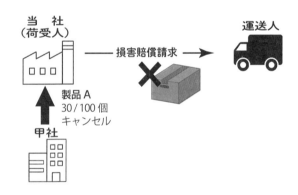

A

1　部品 60 個について損傷した分自体の損害を請求する余地はありますが、逸失利益は請求できません。

2　荷受人は、損傷についての損害賠償請求をする場合、受領後

２週間以内に運送人に対して損傷があった旨の通知をする必要
があります。

▌解　説

1　運送人の責任原則

　運送人が運送品を受け取ってから荷受人に引き渡すまでの間に
運送品が損傷した場合において、運送人がその運送品の受取、運
送、保管及び引渡しについて注意を怠らなかったことを証明でき
なかったときは、運送人は、その損傷によって生じた損害の賠償
責任を負う（商法第 575 条）。

2　損害賠償額の定額化

　運送人が責任を負う場合には、その損害賠償の額は、運送品の
引渡しがされるべき場所において、その時における運送品の市場
価格によって定められる。これにより、運送品の損傷した分のみ
賠償されることとなる。

　本問では、損傷があった部品 60 個について、その損傷した価
値分（例えば、修理代金相当額）の損害賠償請求は認められる。他
方、荷受人が運送品を用いて得られたはずの製品Ａの販売による
利益や、運送品を転売することによって得られたはずの利益（逸
失利益）は、損害賠償の対象から除外される（商法第 576 条第 1
項）。

3　荷受人による通知

　ただし、①運送品に直ちに発見することができる損傷があった
場合において、荷受人が特に何も異議を伝えずに運送品を受け
取ったときは、運送人の責任はその時点で消滅する。他方、②運
送品に直ちに発見することができない損傷があった場合において

は、荷受人が受領の日から2週間以内に運送人に対してその損傷
についての通知を発しないときは、運送人の責任は消滅する（商
法第584条第1項）。

　本問では、上記②運送品に直ちに発見することができない損傷
があった場合に当たるので、荷受人が受領後2週間以内に運送人
に対して損傷があった旨の通知しない場合には、荷受人の損害賠
償請求権が消滅する。

4　荷受人による損害賠償請求

　荷受人は、運送品が到達地に到着し、又は運送品の全部が滅失
したときは、物品運送契約によって生じた荷送人の権利と同一の
権利を取得する（商法第581条第1項）。この権利には、運送品の
滅失・損傷・延着による損害賠償請求権も含まれる。

　本問では、荷受人が運送品である部品200個を受領しているこ
とから、既に運送品が到達地に到着したといえるので、荷受人も、
運送品の損傷についての、運送人に対する損害賠償請求権を取得
する。

　なお、荷送人との関係では、荷受人が損害賠償の請求をした時
点で、荷送人はその権利を行使することができなくなる（商法第
581条第2項）。

関連規定
商法第575条、第576条、第581条、第584条

Q18　運送品の延着の場合の損害賠償額の定額化の有無

運送品の延着（運送品の損傷又は一部滅失を伴うものを除く。）の場合に、損害賠償の額は定額化されますか。

A

1　商法には、運送品の単純な延着（損傷又は一部滅失を伴わない延着）の場合における損害賠償額の定額化に関する規定はなく、運送人は、民法第416条により、相当因果関係の範囲内の損害の賠償責任を負うと解されています。

2　ただし、実務上は、運送品の延着の場合に「運送賃の総額」を損害賠償額の上限とする旨の約款等も多く見受けられますので、適用される契約条項や約款を確認することが大事です。

■ 解　説

1　延着の場合における責任

　商法の損害賠償額の定額化に関する規定（第576条）は、運送品の滅失又は損傷の場合にのみ適用されると規定されており、運送品の単純な延着（損傷又は一部滅失を伴わない運送品の延着）の場合については適用されない。その結果、運送品の単純な延着については、民法第416条により、相当因果関係の範囲内の損害の賠償責任を負うと解されている。すなわち、商法上は、延着については、相当因果関係の範囲内であれば、逸失利益等も損害賠償請求の対象になる。

2　特約による責任制限

　ただし、実務上は、運送品の延着の場合に「運送賃の総額」を損害賠償額の上限とする旨の約款等（下記参照）も多く見受けら

れる。したがって、延着の場合の損害賠償責任の検討に際しては、適用される契約条項や約款を確認することが必要となる。

（注）運送品の延着による責任の上限額の例

標準貨物自動車運送約款	運賃、料金等の総額
標準宅配便運送約款	送り状に荷物の使用目的及び引渡日時の記載がある場合は送り状に記載された責任限度額（30万円）、それ以外の場合は運賃等の額
標準引越運送約款	運賃等（引越運送及びこれに附帯するサービスに要する運賃及び料金）の合計額
国際海上物品運送法第8条	荷揚げされるべき地及び時における運送品の市場価格との差額が、損害額となる。
モントリオール条約第22条	1kg当たり22SDR（特別引出権）

関連規定

商法第576条

民法第416条

Q19　置き配

　私は、荷受人として、玄関ドア前に運送品を「置き配」すること
を指定していました。運送人からは、置き配完了の通知が届きまし
たが、その後、帰宅して玄関ドア前を確認しても、運送品は置かれ
ていませんでした。この場合、私は、運送人に対して、損害賠償請
求ができますか。

A

　荷受人があらかじめ「置き配」に同意していた場合、所定の場所
や方法どおりに運送品が「置き配」されていれば、その時点で、運
送人の仕事は完了したこととなり、その後に発生した盗難等につい
ては、基本的に運送人が責任を負うことはないと考えます。

▌解　説

1　「置き配」とは

　「置き配」とは、あらかじめ荷主（荷送人又は荷受人）が指定し
た場所（玄関前、置き配バッグ、宅配ボックス、車庫、物置など）に
非対面で運送人が運送品を配達するサービスである。

2　運送契約上の引渡義務と「置き配」の関係

商法が定める物品運送契約（商法第570条）によると、運送人は、運送品を「荷受人に引き渡すこと」が求められているため、荷主が「置き配」の指定をしない限り、運送人が勝手に判断して「置き配」をすることは認められず、現実に運送品を荷受人に引き渡す義務を負っていると考えられる。

そのため、荷主があらかじめ運送人に対して「置き配」の指定をしていること（通常、インターネット等でその指定がされる）が、運送人がその後の盗難等の免責を受ける条件の一つとなる。

3　「置き配」指定による仕事内容の変更

荷主から「置き配」指定がされた場合、運送人の仕事内容は、その「置き配」指定の内容に変更されることとなる。例えば、玄関ドア前に運送品を置いておくようにという「置き配」指定であれば、玄関ドア前に運送品を置いた時点で、運送人の仕事は完了したといえ、運送人は、その後に運送品の滅失等があったとしても、その責任を負う必要がないと考えられる（商法第575条）。

4　運送人による立証方法

ただし、運送人としては、自らの仕事が完了したことを立証できないと、その責任を免れることはできない。上記の「置き配」の例であれば、運送人が玄関ドア前に運送品を置いたということを立証する必要があるため、その運送品が玄関ドア前に置かれた写真等を撮影し、荷主に送信する等をしておくことが、運送人の仕事を完了させたことを示す上で重要になる。

5　「置き配」後の運送品損傷の責任

以上のほか、「置き配」された運送品が突然の雨で濡れてしま

い損傷した等のクレームも考えらえるところ、通常は、運送人の約款や荷主から「置き配」の指定を受けるに際して、そのような損傷等については運送人が責任を負わない旨の条項を設ける又は同意を取り付けることとなる。なお、仮にそのような条項や同意がなくても、荷主による「置き配」の指定どおりに運送人が対応していたのであれば、運送人側で何か別のミスや過失が認められない限り、「置き配」完了後に発生した運送品の損傷について運送人が責任を負うことはないと思われる。

関連規定

商法第570条、第575条

Q20　高価品の該当性

当社は、荷送人として、運送人に対し、巨大な機械装置（本件運送品）の運送を委託しました。その際、特に本件運送品の価額については、運送人に伝えませんでした。その後、運送人は、運送中、自らの過失による事故によって、本件運送品を損傷させてしまいました。この場合、当社は、運送人に対し、本件運送品が損傷した分の損害の賠償請求をすることはできますか。

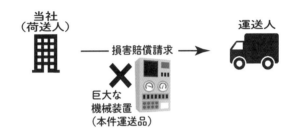

A

本件運送品が巨大な機械装置であったことを踏まえると、「高価品」（商法第 577 条第 1 項）には当たらない可能性が大きいと考えられます。

よって、高価品特則（商法第 577 条）による運送人の免責はされず、荷送人は、運送人に対し、本件運送品が損傷した分の損害の賠償請求をすることはできると考えられます。

▌解　説

1　高価品特則

運送品が「貨幣、有価証券その他の高価品」（商法第 577 条第 1

項）に該当する場合において、荷送人が運送を委託するに当たりその種類及び価額を通知していないときは、高価品特則（商法第577条第1項）により、運送人の責任は免除される。

2　「高価品」とは

　「高価品」とは、容積又は重量の割に著しく高価な物品とされている（最高裁昭和45年4月21日判決・集民99号129頁参照。なお、この最高裁判例では、上記規範に続いて、「本件研磨機は容積重量ともに相当巨大であって、その高価なことも一見明瞭な品種であるというのであるから、本件研磨機は高価品にはあたらないというべきである」と判示されている。）。

　具体的には、貨幣、紙幣、有価証券、貴金属、絵画、美術品、骨とう品、毛皮、再調達費用が高額となるUSBメモリー等が挙げられる。他方で、パスポートは高価品でないとされた裁判例がある（東京地判平成元年4月20日・判例時報1337号129頁参照）。

　高価品の意味については、その評価が時代とともに変遷し得るものであり、その時点での商慣習や社会通念によって決まるものではあるが、上記判例において「著しく」と限定されていること等に照らすと、やや限定的に（高価品の範囲が狭く）解釈され得ると考えられる。

3　本問の検討

　本件運送品は巨大な機械装置であったこと等から、その高価なことも一見して明らかであったといえる場合には、「高価品」には該当しないと考えられる。

　したがって、本問では、運送の委託に当たり、本件運送品の価額が通知されなかったが、運送人の責任は、高価品特則によって免責されないこととなる。

4　高価品特則が適用されない場合

　なお、仮に「高価品」に該当する場合であったとしても、①物品運送契約の締結の当時、運送品が高価品であることを運送人が知っていたときや、②運送人の故意又は重過失によって高価品の損傷が生じたときは、運送人は免責されない（商法第577条第2項）。

関連規定

商法第577条

Q21 高価品特則が適用されないケース

高価品の特則が適用されないケースはどのようなものがあります
か。適用されない要件の一つである重過失とは、具体的にどのよう
なことをいいますか。

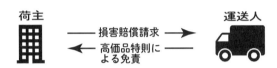

A

①物品運送契約の締結の当時、運送品が高価品であることを運送
人が知っていたときや、②運送人の故意又は重大な過失によって高
価品の滅失等が生じたときは、高価品特則の適用がありませんので、
運送人は、責任発生についての他の要件が充足された場合、高価品
についての損害賠償責任を負うことになります。

②の重過失については、例えば、東京地裁平成 2 年 3 月 28 日判
決・判例時報 1353 号 119 頁では、軽貨物自動車の後部扉を施錠せ
ずに絵画の紛失を生じさせた運送人に対して債務不履行に基づく請
求がされた事案において、運送人に重大な過失があるとされました。

▊解　説

1　高価品特則の適用がない場合

①物品運送契約の締結の当時、運送が高価品であることを運
送人が知っていたときや、②運送人の故意又は重大な過失によっ
て高価品の滅失等が生じたときは、高価品特則の適用がない（商
法第 577 条第 2 項）。

2　裁判例

(1)　例えば、東京地裁平成2年3月28日判決・判例時報1353号119頁では、軽貨物自動車の後部扉を施錠せずに絵画の紛失を生じさせた運送人に対して債務不履行に基づく請求がされた事案において、運送人に重大な過失があるとしつつ、荷送人である美術商が運送料金を廉価に抑えるため一般貨物として運送を依頼したことにより3割の過失相殺をして、910万円余の賠償を認めている。

(2)　法制審議会・商法（運送・海商関係）部会の参考資料18で紹介された重過失に関する裁判例（運送に関するものを中心に）が参考になるので、次に引用する。

① **東京高裁平成12年9月14日判決・高民集53巻2号124頁**
② **東京地裁平成9年9月26日判決・高民集53巻2号150頁**
【事案】マレーシアから台湾まで木材の海上運送を委託したところ、航海中に荒天に遭遇し、木材が海中に没するなどした。荷受人に保険金を支払った保険会社が代位して、木材の減価損害や回収費用等の賠償を請求し、海上運送人には重大な過失（平成4年改正前の国際海上物品運送法第20条第2項において準用する旧商法第581条）があるから、損害賠償額の定額化に関する同法第580条の規律は準用されないと主張した。
【判旨】第一審、控訴審ともに重過失を認定せず。
　　旧商法第581条の重過失とは、悪意にほとんど近似する注意欠如の状態と解されるところ、航海を継続せずに浅瀬に任意乗揚げを行うかどうかの判断は困難であること、船体の外板に亀裂があることを発見し得る状態にはなかったこと、船級協会の臨時検査を受けるかどうかは船長の判断によることなどからすると、海上運送人に上記の重過失があったとは認められない。

③ **神戸地裁平成6年7月19日判決・交民集27巻4号992頁**
【事案】利用運送人である運送会社に対し、トラックによる陸上運送を委託したところ、実運送人の従業員であるトラック運転手が運転中に、吸っていたタバコを運転席下に落としたことに気を取られ、前方不注視の過失により交通事故を起こしたため、車両火災により運送品が焼失した。荷送人が損害賠償を請求したのに対し、運送人は、運送品が高価品であるとして

免責を主張し、これに対し、荷送人は、運送人には重大な過失があるから免責されないと主張した。

【判旨】重過失を認定せず。

　重過失とは、ほとんど故意に近い著しい注意欠如の状態を指すものと解されるところ、本件における運転手の過失は、その内容からして、いまだこの範ちゅうに属するとはいえない。

④　大阪地裁平成3年11月11日判決・判例時報1461号156頁

【事案】宅配便により時価約450万円の物品（楽器）の運送を委託したところ、原因不明の事由により当該物品が紛失した。荷送人が物品相当額の損害賠償を請求したのに対し、運送人は、約款により運送人の責任は送り状に記載された金額（20万円）に限られると主張し、これに対し、荷送人は、運送人には故意又は重大な過失があるから、責任限度額に関する規律の適用はないと主張した。

【判旨】重過失を認定せず。

　運送人の取扱い件数からすれば、第三者による盗難や他の場所への誤配の可能性を否定することができず、そのようなことがほとんどないからといって直ちに運送人の重過失を推認することはできない。また、仮に、手違いによる積残しや荷下ろしが原因であったとしても、その具体的態様が明らかでない以上、そのこと自体によって重過失を推認することはできない。

　さらに、運送品が紛失し、その経緯が不明であること自体から当然に運送人の管理体制における過失を推認することはできず、他に管理体制の不備を基礎づける具体的事実の立証のない限り、重過失を認定し得ない。

⑤　東京地裁平成2年3月28日判決・判例タイムズ733号221頁

【事案】軽貨物自動車による絵画の運送を委託したところ、運送品の一部が軽貨物自動車の荷物室からはみ出し、荷物室の後部扉を完全に閉めることのできない状態で運送がされたため、一番上に積まれていた当該絵画が運送中に荷物室から落下し、紛失した。荷送人が損害賠償を請求したのに対し、運送人は、当該絵画は高価品であり、その旨の明告がなかったとして免責を主張し、これに対し、荷送人は、絵画の紛失は運送人の重過失によるものであるから、運送人は責任を免れないと主張した。

【判旨】重過失を認定した。

　運送業を営む者としては、運送品を自動車に積み込んだときは、積込口の扉を施錠するか、少なくとも扉を完全に閉め、走行中に開扉することのないように確認すべき注意義務があるというべきであり、わずかな注意をしさえすれば、この注意義務を容易に尽くすことができたのであるから、運送人には重過失があったというべきである。

⑥ **東京地裁平成元年 4 月 20 日・判例時報 1337 号 129 頁**

【事案】宅配便によりパスポートの運送を委託したところ、原因不明の事由により当該パスポートが紛失した。荷送人が逸失利益を含む損害の賠償を請求したのに対し、運送人は、損害賠償の額は当該パスポートの価額によって定まると主張し、これに対し、荷送人は、運送人には重大な過失があるから、一切の損害を賠償する義務を負うと主張した。

【判旨】重過失を認定した。

　運送人の支配下で紛失事故が生じている以上、その原因についての立証責任は運送人が負うべきであり、原因不明である場合には、運送人に重過失があったものと推認し、旧商法第 581 条を適用することが相当である。また、紛失の経緯が全く判明しないというのは、運送人における保管・管理体制の不備を示すものであって、この点での過失は軽くなく、重過失があったと評価することもできる。

⑦ **東京高裁昭和 58 年 9 月 20 日判決・判例時報 1093 号 80 頁**

⑧ **東京地裁昭和 57 年 5 月 12 日判決・判例タイムズ 476 号 188 頁**

【事案】多数枚の有価証券の入った布袋について、価額を 7730 万円と明告した上で、貴重品扱いの鉄道小荷物として名古屋駅から汐留駅までの運送を委託したところ、夕刻、国鉄職員が名古屋駅のホームで積卸し作業をしている間に窃取された。荷送人に保険金を支払った保険会社が代位して損害賠償を請求したのに対し、国鉄は、要償額の表示を否認し、鉄道運輸規程第 73 条に規定する責任の限度額を主張し、これに対し、保険会社は、運送人には重大な過失があるから、一切の損害を賠償する義務を負うと主張した。

【判旨】第一審、控訴審ともに重過失を認定した。

　運送人は、運送の過程で運送品が窃取されることのないように万全の措置を執る義務を負うところ、特に、一般乗客が自由に立ち入ることができるホームで貴重品扱いの小荷物の積卸し作業を行う際には、窃取事故が生じないように十分な監視警戒をする義務を負う。そして、過去に同種の事故が数件起きており、内規が改正されたばかりであったこと、上記布袋を積んだ手押し車は、窃取を防ぐための何らの設備もないものであったこと、手押し車を全く監視せずに、地下通路への階段のすぐそばに手押し車を停めたままにしていたことからすれば、このような基本的な注意を怠った国鉄職員や、このような注意の欠如を生じさせるような業務体制を執っていた国鉄には、重大な過失があったといわざるを得ない。

⑨ **東京高裁昭和 58 年 6 月 29 日・判例タイムズ 498 号 228 頁**

【事案】多数枚の有価証券について、貴重品扱いの鉄道小荷物として静岡駅から汐留駅までの運送を委託したところ、夜間に静岡駅の小荷物置場にて

保管中、窃盗団の組織的犯行により窃取された。荷送人に保険金を支払った保険会社が代位して損害賠償を請求したのに対し、国鉄は、鉄道運輸規程第73条に規定する責任の限度額を主張し、これに対し、保険会社は、運送人には重大な過失があるから、一切の損害を賠償する義務を負うと主張した。

【判旨】重過失を認定せず。

　　小荷物置場について、外部から内部の様子を観察することができ、通用門が施錠されていないことも少なくなく、警備要員はおらず、時間によっては無人となることもあったという事情がある一方で、上記窃取は、鉄道職員が目を離した極めて短時間の間に、専門的窃盗団によって周到な計画に基づき行われたものであることからすれば、当該鉄道職員の行為につき重過失があったと評価するのは過酷に失する。

⑩　東京地裁昭和57年2月10日・判例時報1074号94頁

【事案】キューバから日本まで砂糖の海上運送を委託したところ、航海中に荒天に遭遇し、通風筒から海水が浸入して砂糖が濡損した。船荷証券の最終所持人に保険金を支払った保険会社が代位して、砂糖に係る損害のほか、特別荷役費用の賠償を請求したのに対し、船舶所有者は、損害賠償の額は砂糖の減価額によって定まると主張し、これに対し、保険会社は、船舶所有者には重大な過失（平成4年改正前の国際海上物品運送法第20条第2項において準用する旧商法第581条）があるから、一切の損害を賠償する義務を負うと主張した。

【判旨】重過失を認定した。

　　本船の乗組員は、通風筒が水密性を備えておらず、通風弁が「開」の状態にあるにもかかわらず、荒天に備えて帆布カバーを十分に固縛せず、これによって積荷である砂糖の濡損が生じたのであるから、船舶所有者の履行補助者である乗組員に重大な過失があったというほかない。

⑪　最高裁昭和55年3月25日第三小法廷判決・集民129号339頁

⑫　東京高裁昭和54年9月25日判決・判例タイムズ402号88頁

【事案】商品の運送を委託し、ライトバンで集荷に来た運送人にこれを引き渡したところ、運送人は、荷台が満載のため後部扉が閉まりにくい状態にあったにもかかわらず、扉を施錠せず、完全に嵌合したかどうかも確認しなかったため、走行中に扉が半開きとなり、当該商品が落下して紛失した。荷送人が不法行為に基づく損害賠償を請求したのに対し、利用運送人は、当該絵画は高価品であり、その旨の明告がなかったとして免責を主張し、また、約款上、価額の申告がない場合における損害賠償の限度額は3万円であると主張し、これらに対し、荷送人は、商品の紛失は運送人の重過失によるものであるから、利用運送人は一切の損害を賠償する義務を負うと

主張した。

【判旨】控訴審は、次のとおり重過失を認定し、上告審も、重大な過失があったとして原審の認定判断を是認した。

　運送人の従業員は、集荷した運送品を自動車に積み込むときは、積込口の扉を施錠するか、少なくとも扉が完全に嵌合して走行中に開扉することのないことを確認して発車すべき義務があるところ、この義務は、わずかな注意により容易に実行可能であり、これを怠れば貨物の落下紛失という結果が生ずることを予見し得たにもかかわらず、著しく注意を欠いて義務を怠ったというべきであるから、運送人の従業員には重大な過失があった。

⑬　**最高裁昭和 51 年 3 月 19 日第二小法廷判決・民集 30 巻 2 号 128 頁**

【事案】ニューヨークから東京までダイヤモンドの航空運送を委託したところ、東京に到着した時点で、当該ダイヤモンドが紛失していた。荷受人がワルソー条約に基づき損害賠償を請求したのに対し、航空運送人は、ワルソー条約所定の責任限度額を主張し、これに対し、荷受人は、航空運送人には「故意に相当すると認められる過失」があるから、一切の損害を賠償する義務を負うと主張した。

【判旨】ワルソー条約（ヘーグ議定書による改正前のもの）第 25 条の「故意に相当すると認められる過失」とは日本法でいう「重大な過失」を意味するとした上で、重過失を認定した。

　仮に、滅失の原因が手違いによる積残しや荷下ろしにあるとしても、本件運送品は、到達地と荷受人が一見して認識可能な状態にあり、航空運送人の従業員においてわずかな注意をしさえすれば容易に手違いであることが分かったはずであり、そのような手違いがあれば本件運送品が滅失するであろうという違法有害な結果の発生を予見し得たのに、著しく注意を欠いた結果、これを見過ごしたのであるから、本件運送品の滅失は、航空運送人の従業員が職務を行うに当たっての重大な過失により生じたものといわざるを得ない。

⑭　**東京地裁昭和 41 年 3 月 28 日判決・判例時報 440 号 52 頁**

【事案】（倉庫営業の事案）倉庫業者に対し、スクラップ化の作業とその後の保管のため、物品を寄託したところ、返還時に、受寄物の重量が減少していた。そこで、寄託者が損害賠償を請求したのに対し、倉庫業者は、約款上、故意又は重大な過失によって損害が生じたことを寄託者が証明しない限り損害賠償責任を負わないこととされていると主張し、これに対し、寄託者は、倉庫業者には重大な過失があると主張した。

【判旨】重過失を認定した。

　倉庫営業者は善良な管理者の注意をもって受寄物を保管することを要し、とりわけ、高価な受寄物のスクラップ化の作業を下請業者に委託する場合

には、盗難事故が生じないようにその従業員の監視を強化するなどの特段の予防措置を講ずべき義務を負う。それにもかかわらず、上記倉庫業者は、工場のうち公道に面した側に高さ1.8メートルのトタン塀を造り、夜間は警備会社に依頼して1名の警備員による警備をさせたのみであるから、注意義務を怠ったというべきであり、その結果、下請業者による一部窃取を生じさせたものというべく、上記倉庫業者には、保管上の重大な過失があった。

関連規定

商法第577条第2項

Q22　複合運送人の責任

　運送人が、複合運送契約、すなわち、陸上運送、海上運送又は航空運送のうち二以上の運送を一の契約で引き受けた場合において、運送品の滅失、損傷又は延着（滅失等）が発生した場合、荷送人は、運送人に対してどのような損害賠償の請求ができますか。

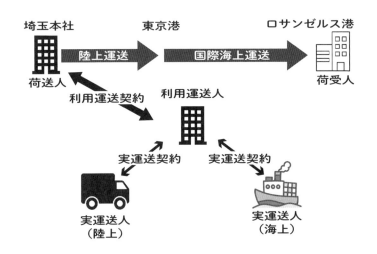

A

　複合運送契約においては、①運送品の滅失等の原因が生じた運送区間が明らかである場合、複合運送人は、その区間の運送に適用されることとなる日本の法令又は条約の規定に従い、損害賠償の責任を負うこととなります。

　また、②運送品の滅失等の原因が発生した運送区間が不明である場合には、複合運送人は、物品運送についての総則的規律（商法第2編第8章第2節）に基づく責任を負うこととなります。

▌解　説

1　②運送品の滅失等の原因が発生した運送区間が不明である場合[1]

　商法は、陸上・海上・航空運送に共通する物品運送についての総則的規律を設けている（商法第2編第8章第2節）ところ、複合運送契約（陸上運送、海上運送又は航空運送のうち二以上の運送を一の契約で引き受けたもの）についても、この総則的規律が適用される。

　したがって、特に②運送品の滅失等の原因が発生した運送区間が不明である場合には、複合運送人は、物品運送についての総則的規律に基づく責任を負うこととなる。

　この場合、荷送人又は荷受人は、請求原因として、この総則的規律に基づき、運送契約の締結及び運送期間中に運送品の滅失等が生じたことを主張し、これに対し、運送人は、この総則的規律における抗弁（損害賠償額の定額化等）を主張することとなるのであって、運送品の滅失等の原因が発生した運送区間が不明である以上、国際海上物品運送法上の抗弁（責任の限度額等）を主張することなどはできない。

2　①運送品の滅失等の原因が生じた運送区間が明らかである場合

(1)　他方、①運送品の滅失等の原因が生じた運送区間が明らかである場合、複合運送人は、その区間の運送に適用されることとなる日本の法令又は日本が締結した条約[2]の規定に従い、損害賠償の責任を負うこととなる（商法第578条第1項）[3]。

　また、陸上運送のみを一の契約で引き受けた場合であっても、

1）上記**A**では結論のみの分かりやすさから①→②の順としたが、本**解説**では理論面を重視して、②→①の順で解説する。

　　商法の適用があるトラック運送と鉄道営業法の適用がある鉄道
運送 4) を引き受けた場合のように、区間ごとに異なる法令が
適用されることがあるため、このような場合も、複合運送とな
ることを前提に、運送品の滅失等の原因が生じた運送区間に適
用されることとなる法令等が適用される（同条第2項）。
　　各運送区間に適用され得るルールは、次のとおりである。
・　陸上運送、国内海上運送、国内航空運送　→　商法
・　鉄道運送　→　鉄道営業法
・　国際海上運送　→　国際海上物品運送法
・　国際航空運送　→　モントリオール条約等
⑵　例えば、①荷送人は、複合運送人の注意義務違反による責任
を追及するときは、請求原因として、物品運送についての総則
的規律に基づき、運送契約の締結及び運送期間中に運送品の滅
失等が生じたことを主張し、これに対し、②運送人は、国際海

2）商法第578条第1項では、「我が国の法令又は我が国が締結した条約」に
　従い、運送人の責任が定まることとしている。これは、同条の適用があるの
　は、複合運送契約の準拠法が日本法となる場合であり、その当事者にとって
　は、運送品の滅失等の原因が生じた地（外国）の法令又は条約を適用するよ
　りも、我が国の法令又は我が国が締結した条約を適用する方が一般的に予見
　可能性が高く、これによる不都合があれば、当事者間において同条と異なる
　合意をすれば足りるからとされている。
3）複合運送人の責任については、商法が採用したネットワーク・システム、
　すなわち、運送過程のうち損害発生区間に適用のある損害賠償ルールによっ
　て定まるという考え方に対し、1980年の国連国際複合運送条約（現在、未
　発効であり、日本も批准していない。）の採用するユニフォーム・システム、
　すなわち、損害発生場所を問わない共通の損害賠償ルールが定められるべき
　という考え方もある。
4）鉄道運送においては、1kg当たり4万円の割合を超える運送品が高価品と
　なり、高価品の滅失等の責任については、基本的に、総重量に1kg当たり4
　万円を乗じた金額（最高で1口400万円）が責任限度額となる（鉄道営業法
　第11条ノ2第2項、鉄道運輸規程第28条第1項第3号、第73条第1項第
　2号）。

上物品運送法第3条第2項の航海上の過失免責を主張するとき
は、抗弁として、その契約が複合運送契約であること及び運送
品の滅失等の原因が国際海上運送区間で生じたことを主張する
こととなる。

　また、荷送人は、堪航能力担保義務違反（商法第739条）と
いう国内海上運送の特則の適用を主張するときは、請求原因と
して、複合運送契約の締結及び運送品の滅失等の原因が国内海
上運送区間で生じたことを主張することとなる。

(3)　日本の各種法令や条約に基づいて、それぞれ運送人の損害賠
償の上限額がどのように計算されるかについてシミュレーショ
ンをしてみる。

　例えば、市場価格300,000円の運送品（段ボール1箱に梱包。
重量10kg。高価品ではなく、要償額の表示もないとする。）の全部
滅失について、各法令等による損害賠償の額は、次のとおりで
ある。なお、1SDR（Special Drawing Rights。特別引出権）は、
190円とする[5]。

(i)　商法が適用される場合（陸上運送、国内海上運送、国内航空
運送等）

　300,000円（商法第576条第1項）

(ii)　国際海上物品運送法が適用される場合（国際海上運送）

　126,667円（国際海上物品運送法第9条第1項）

　（計算式）次のうち高い方の額

　1包 × 666.67SDR ＝ 126,667円と

　10kg × 2SDR ＝ 3,800円

5）SDRとは、国際通貨基金（IMF）が定める特別引出権の1単位を意味す
　る。1SDRあたりの円換算額は、その時点でのレートにより変動する。
　IMFが公表する換算レートを参照されたい。https://www.imf.org/
　external/np/fin/data/rms_sdrv.aspx

(ⅲ)　モントリオール条約が適用される場合（国際航空運送）

　41,800 円（モントリオール条約第 22 条第 3 項）

　（計算式）10kg × 22SDR ＝ 41,800 円

3　実務上の特約可能性

　上記の商法第 578 条が任意規定と考えられていることから、運送人・荷送人間では、基本的には、これと異なる内容の合意をすることが可能となる。

　現在の実務で見られる約款としては、例えば、陸上運送中に運送品の減失等の原因が生じた場合にも、国際海上物品運送法で定めるものと同様の責任限度額の規定を適用する旨の約款[6] 等がある。また、利用運送人の立場となる複合運送人としては、一旦、荷主に対してその損害を賠償した上で、これを実運送人へ求償することを検討するはずであるが、両者を可能な限り一致させることを目的として、複合運送契約の中でその旨の合意をすることも考えられる。

［関連規定］

商法第 578 条、第 739 条

国際海上物品運送法第 3 条第 2 項

6）国際フレイトフォーワーダーズ協会（JIFFA）の複合運送契約に係る約款では、次のように定めている。

（運送人の責任）

第 22 条　減失又は損傷が発生した区間が立証できないときは、減失又は損傷は海上運送中に発生したものとみなし、運送人は、本約款第 2 条に定める国際海上物品運送法又はヘーグ・ルール立法に規定する範囲で責任を負うものとする。

Q23　運送の中止、荷受人の変更等の請求（運送品処分権）

　荷送人は、運送人に対して、運送の中止、荷受人の変更、転送等を請求することができますか。

　また、その際の費用負担はどうなりますか。

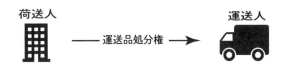

A

　荷送人は、運送人に対して、いわゆる運送品処分権に基づいて、運送の中止、荷受人の変更、運送品の転送等を請求することができます。

　また、その際の費用は、基本的には、荷送人の負担となります。

▌解　説

1　運送品処分権

　荷送人は、運送人に対し、いわゆる運送品処分権に基づいて、運送の中止、荷受人の変更、その他の処分を請求することができる（商法第580条前段）。ここでいう「その他の処分」には、転送（従来予定していた運送品の引渡場所の変更）や返送（運送人が運送品を受け取った場所へ運送を戻すこと）も含まれ得ると解される。ただし、従前の運送契約と根本的に異ならせるような場合（例えば、従来の荷受人は大阪のＡ社であったところ、新たに荷受人を海外のＢ社に変更する場合）には、従来の運送契約の変更の合意と見

るべきであろう。

2　費用等の請求

　また、運送人は、運送品処分権が行使された場合においては、既にした運送の割合に応じた運送賃、付随の費用、立替金及びその処分によって生じた費用の弁済を請求することができる（商法第580条後段）。例えば、運送品処分権の行使によって発生した追加の運送品保管料や有料道路通行料等が典型例である。

3　標準宅配便運送約款上の規定例

　この運送品処分権についての規定は、標準宅配便運送約款においても、次のとおり規定されている。

●標準宅配便運送約款
（指図）
第十五条　荷送人は、当店に対し、荷物の運送の中止、返送、転送その他の処分につき指図をすることができます。
2　前項に規定する荷送人の権利は、荷受人に荷物を引き渡したときは、行使することができません。
3　第一項に規定する指図に従って行う処分に要する費用は、荷送人の負担とします。
（指図に応じない場合）
第十六条　当店は、運送上の支障が生ずるおそれがあると認める場合には、荷送人の指図に応じないことがあります。
2　当店は、前項の規定により指図に応じないときは、遅滞なくその旨を荷送人に通知します。

関連規定

商法第580条

Q24　荷受人の権利義務等

荷受人は、運送人に対して何か請求ができますか。また、荷受人は、運送人に対して何か義務を負うことはありますか。

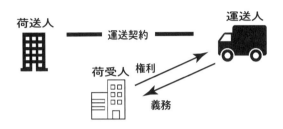

1　荷受人は、運送品が到達地に到着すると、運送品引渡請求権、運送品処分権のほか、運送品の一部滅失・損傷・延着に基づく運送人に対する損害賠償請求権等、運送契約によって生じた荷送人の権利と同一の権利を取得します。

　また、荷受人は、運送品が全部滅失した場合にも、その時点で、運送人に対する損害賠償請求権等、荷送人の権利と同一の権利を取得します。

2　荷受人は、運送品を受け取ったときは、運送人に対し、運送賃等を支払う義務を負います。

▎解　説

1　荷受人の権利

(1)　荷受人は、運送品が到達地に到着すると、運送品引渡請求権、運送品処分権（商法第580条前段）のほか、運送品の一部滅

　　失・損傷・延着に基づく運送人に対する損害賠償請求権等、運
　　送契約によって生じた荷送人の権利と同一の権利を当然に取得
　　する（同法第 581 条第 1 項）。
　　　また、荷受人は、運送品が全部滅失した場合にも、その時点
　　で、運送人に対する損害賠償請求権等、荷送人の権利と同一の
　　権利を当然に取得する（同項）。
⑵　上記⑴の場合において、荷受人が運送人に対して運送品の引
　　渡し又はその損害賠償の請求をしたときは、荷受人の権利が優
　　先することとなり、荷送人は、その権利を行使することができ
　　なくなる（商法第 581 条第 2 項）。
⑶　荷受人が権利取得後、その請求する前であれば、荷送人及び
　　荷受人の双方が運送契約に基づく請求権を有し、それぞれが自
　　己の利益であると他方の利益であるとを問わず、これを行使し
　　得るとされている。もっとも、その例外として、最高裁昭和
　　53 年 4 月 20 日判決・民集 32 巻 3 号 670 頁では、「運送品が全
　　部滅失したが、荷送人又は荷受人に全く損害が生じない場合に
　　は、旧商法第 580 条第 1 項（損害賠償額の定額化）の規定の適
　　用がなく、運送人は損害賠償責任を負わない」旨判示された。
⑷　もし、荷送人（売主）の立場で、荷受人（買主）が濫用的に
　　運送人に対する損害賠償請求権を行使するおそれを回避したい
　　場合には、例えば、①売買契約の当事者間で、買主への物品の
　　送付に係る運送契約上の権利は、売主のみが行使し、買主は行
　　使しない旨（買主は、運送人に対して請求を行わず、売主に対し
　　て代品請求や賠償請求を行う旨）の約定をし、かつ、②運送契約
　　の当事者間で、運送人は、荷受人（買主）からの権利行使に応
　　じない旨の約定をすればよい[1]。

2　荷受人の義務

　　荷受人は、運送品を受け取ったときは、運送人に対し、運送賃、

付随の費用及び立替金を支払う義務を負うこととなる（商法第
581条第3項）。これは、荷送人の未払い運送賃等の支払義務を消
滅させるものではなく、荷送人に加えて荷受人にも連帯してその
支払義務を課すものである[2]。

関連規定

商法第580条、第581条

1）運送品の全部滅失の場合において、万が一、荷受人が、荷送人から代品の
　再送を受けながら、運送人からも損害賠償金を受領したときは、荷送人は、
　荷受人に対し、不当利得として当該損害賠償金相当額の返還を請求し得ると
　考えられる。この場合には、荷受人は、運送人との関係では、運送契約上の
　権利を有するものの、荷送人との関係では、荷送人及び荷受人間の売買契約
　上、代品に加えて損害賠償金まで受領する実質的な権限を有さず、「法律上
　の原因なく」損害賠償金を受領したと考えられるためである。
2）船荷証券が発行されているときは、本文に記載した商法第581条の規定
　の適用がない（商法第768条）。

Q25 運送品の受取による運送人の責任の消滅

荷受人が異議なく運送品を受け取ると、運送品の損傷又は一部滅失について、運送人に対して損害賠償請求ができなくなるのですか。

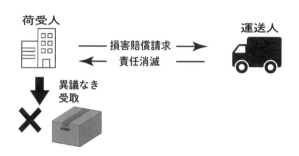

A

①運送品に直ちに発見することができる損傷又は一部滅失がある場合における運送人の責任は、荷受人が異議なく運送品を受け取ったときは、消滅します。

②運送品に直ちに発見することができない損傷又は一部滅失があった場合においては、荷受人による受取の日から2週間以内に運送人に対してその旨の通知を発しなかったときは、運送人の責任が消滅します。

ただし、運送品の引渡しの当時、運送人がその運送品に損傷又は一部滅失があることを知っていたときは、運送人の責任は消滅しません。

▌解　説

1　①運送品に直ちに発見することができる損傷又は一部滅失

①運送品に直ちに発見することができる損傷又は一部滅失がある場合における運送人の責任は、荷受人が異議なく運送品を受け取ったときは、消滅する（商法第584条第1項本文）。

2　②運送品に直ちに発見することができない損傷又は一部滅失

②運送品に直ちに発見することができない損傷又は一部滅失があった場合においては、荷受人による受取の日から2週間以内に運送人に対してその旨の通知を発しなかったときは、運送人の責任が消滅する（商法第584条第1項ただし書）。

3　運送人が損傷又は一部滅失があることを知っていたとき

運送品の荷受人への引渡しの当時、運送人がその運送品に損傷又は一部滅失があることを知っていたときは、運送人の責任は消滅しない（商法第584条第2項）。

4　約款例

上記**1**～**3**の規定を踏まえた約款例は、次のとおりである。

(1)　スタンダードな条項を定める標準貨物自動車運送約款では、上記商法と同内容の規定が置かれている。

●標準貨物自動車運送約款

第46条　当店の貨物の一部滅失又はき損についての責任は、荷受人が留保しないで貨物を受け取ったときは、消滅します。ただし、貨物に直ちに発見することのできないき損又は一部滅失があった場合において、貨物の引渡しの日から2週間以内に当店に対してその通知を発したときは、この限りではありません。

(2)　消費者が荷送人又は荷受人になることが多い宅配便運送や引越運送に係る標準運送約款では、上記商法の規定より荷受人側に有利な特約が定められている。

●**標準宅配便運送約款**
第24条　荷物のき損についての当店の責任は、荷物を引き渡した日から14日以内に通知を発しない限り消滅します。
●**標準引越運送約款**
第25条　荷物の一部の減失又はき損についての当店の責任は、荷物を引き渡した日から3月以内に通知を発しない限り消滅します。

5　下請運送人を用いた場合における通知期間の延長

　　例えば、荷送人が海陸一貫輸送を元請運送人に委託し、当該運送人が海上区間及び陸上区間の運送をそれぞれ下請運送人に委託した場合につき、元請運送人の下請運送人に対する求償を可能にするため、元請運送人が通知を受けた日から2週間を経過する日まで、下請運送人への通知期間が延長されたものとみなすことと

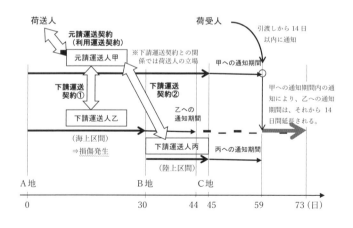

し、その期間中には、下請運送人の責任は消滅しない（商法第584条第3項）。なお、この延長は、②運送品に直ちに発見することができない損傷又は一部滅失についてのみ適用される。

　具体例を挙げると、次の図のように、元請運送人甲がA地からC地までの運送を引き受け、A地から中継地B地までは下請運送人乙に運送を委託し、B地からC地までは下請運送人丙に運送（所要15日間）を委託したという事例において、C地における荷受人への引渡し後に元請運送人甲が荷受人から損傷の通知を受けた場合には、その日から2週間を経過する日までは、運送品に損傷を生じさせた下請運送人乙の元請運送人甲に対する責任は消滅しないこととなる。

関連規定

商法第584条

Q26　期間経過による運送人の責任の消滅

　運送品に滅失等の損害が発生した場合、運送人に対して損害賠償請求ができる期間の制限はありますか。

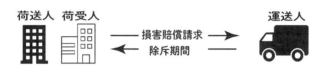

A

　運送品の滅失・損傷・延着（滅失等）についての運送人の責任は、運送品の引渡しがされた日（運送品の全部滅失の場合にあっては、その引渡しがされるべき日）から1年以内に裁判上の請求がされないときは、消滅します。

▌解　説

1　1年での責任消滅（除斥期間）

　運送品の滅失・損傷・延着（滅失等）についての運送人の責任は、運送品の引渡しがされた日（運送品の全部滅失の場合にあっては、その引渡しがされるべき日）から1年以内（除斥期間）に裁判上の請求等がされないときは、消滅する（商法第585条第1項）。

　この場合の請求手続については、裁判上の請求に限らず、支払督促の申立て（民事訴訟法第382条）、民事調停の申立て（民事調停法第4条の2）、仲裁手続の開始（仲裁法第29条）、船主責任制限手続への参加（船主責任制限法第47条第1項）等も含むものと解されている。

2　合意による延長

　1年以内という期間は、運送品の滅失等による損害が発生した後に限り、当事者間の合意により、延長することができる（商法方第585条第2項）。

3　下請運送人を用いた場合における期間の延長

　元請運送人が下請運送人を用いた場合に、元請運送人から下請運送人に対する求償を十全化にするため、下請運送人に対する関係で1年の期間を延長し、元請運送人が請求を受けた日から3か月を経過する日までは、下請運送人の元請運送人に対する責任は消滅しない（商法第585条第3項）。

関連規定

商法第585条

Q27　運送人の不法行為責任への準用（商法）

　運送品が滅失したので、運送人に対して、契約上の責任ではなく、不法行為責任を追及することはできますか。不法行為責任の追及の場合であっても、運送人の責任を減免する商法の規定の適用はありますか。

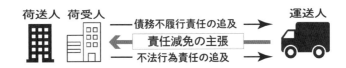

A

　荷送人又は荷受人は、運送品の滅失等について、運送人の契約上の責任ではなく、不法行為責任を追及することも可能です。

　ただし、不法行為責任の追及の場合であっても、運送人の責任を減免する商法の規定（損害賠償額の定額化、高価品の特則、運送品の受取による責任の消滅、1年の除斥期間の規律）は、基本的に準用されることとなります。

■解　説

1　債務不履行責任と不法行為責任の関係（請求権競合説）

　運送人が故意又は過失により運送品の滅失等を生じさせたときは、同時に運送品の所有権侵害として不法行為（民法第709条）の要件を備えることが通常であり、運送人の債務不履行責任とともに不法行為責任も発生することとなる。判例上、運送人の両責任に関し、債務不履行責任の要件と不法行為責任の要件がそれぞれ充足されている限り、損害を被った者（荷送人又は荷受人）は、

いずれの責任も選択的に追及できるとする請求権競合説がとられている（最高裁昭和44年10月17日判決・集民97号35頁）。

2　不法行為責任への準用

(1)　請求者が運送人の不法行為責任の追及を選択した場合であっても、運送人の責任を減免する商法の規定（損害賠償額の定額化・第576条、高価品の特則・第577条、運送品の受取による責任の消滅・第584条、1年の除斥期間・第585条）は、基本的に準用されることとなる（商法第587条本文）。

(2)　ただし、荷受人があらかじめ荷送人の委託による運送を拒んでいたにもかかわらず荷送人から運送を引き受けた運送人の荷受人に対する責任については、準用されない（商法第587条ただし書）。これは、自ら運送契約を締結した「荷送人」に対する不法行為責任について減免規定を準用することは当然のこととして、そのような立場にない「荷受人」に対する運送人の不法行為責任については、荷受人の利益保護の観点から、荷受人があらかじめ荷送人の委託による運送を拒んでいた場合[1]においては、例外的に、同減免規定を準用しないこととされたものである。

　　例えば、絵画所有者が、美術館から絵画の返還を受けるのに際し、所有者自ら運送を手配する旨明言しており、あらかじめ、美術館が荷送人として委託する運送を拒んでいた場合などがこれに該当する。

関連規定　商法第587条

---

1 ）一般的には、売主が売買の目的物を買主に送付する場合のように、荷受人は、荷送人の委託による運送に同意していることが通常であるため、運送人の契約責任の減免規定が荷受人に対する不法行為責任にも及ぶことが原則となっている。

Q28　運送人の不法行為責任への準用（約款）

　私は、友人に貸していた高級腕時計（時価100万円相当）を返してもらう際、宅配便で送ってもらうようにその友人に依頼しました。友人は、宅配便を使って、私を荷受人として指定し、その腕時計の運送を依頼したところ、配送中の交通事故によって、復元できない状態に壊れてしまいました。荷受人である私は、運送人に対して、腕時計の損傷による損害として、100万円の損害賠償請求ができますか。なお、宅配便約款によると30万円が損害賠償の上限と規定されていますが、この約款の適用を回避するために、不法行為責任の追及を考えています。

A

　判例によると、荷受人が少なくとも宅配便によって荷物が運送されることを容認していたなどの事情が存するときは、信義則上、責任限度額を超えて運送人に対して不法行為に基づく損害の賠償を求めることは許されないとされています。

　したがって、本問のように、荷受人が宅配便による運送を指示していたような場合であれば、例え不法行為責任の追及であったとしても、責任限度額を30万円とする約款規定が適用されると考えられるので、損害である100万円のうち、30万円しか請求できない

こととなります。

▌解　説

1　債務不履行責任と不法行為責任の関係（請求権競合説）

　運送人が故意又は過失により運送品の滅失等を生じさせたとき
は、同時に運送品の所有権侵害として不法行為（民法第709条）
の要件を備えることが通常であり、運送人の債務不履行責任とと
もに不法行為責任も発生することとなる。判例上、運送人の両責
任に関し、債務不履行責任の要件と不法行為責任の要件がそれぞ
れ充足されている限り、損害を被った者（荷送人又は荷受人）は、
いずれの責任も選択的に追及できるとする請求権競合説がとられ
ている（最高裁昭和44年10月17日判決・集民97号35頁）。

2　約款規定の適用の有無

　不法行為責任への商法の規定の準用を定める商法第587条は、
あくまで商法上の減免規定（第576条、第577条、第584条、第
585条）の準用を認めるものであり、約款で定める運送人責任の
減免規定についての不法行為責任への準用まで認めることを規定
しているわけではない。

　この点について、最高裁平成10年4月30日第一小法廷判決・
集民188号385頁は、荷受人が運送人に対して宅配便約款におけ
る責任限度額（30万円）を超える額の不法行為責任を追及した事
案において、次のように判示した[1]。

① 　約款上の責任限度額の定めは、運送人の荷送人に対する契約
　責任だけでなく、運送人の荷送人に対する不法行為責任にも適
　用されると解するのが当事者の合理的な意思に合致する。その
　ように解さないと、損害賠償の額を責任限度額の範囲内に限っ
　た趣旨が没却されるからである。

②　宅配便は低廉な運賃により大量の小口の荷物を迅速に配送するという特質を有することや、当事者が責任限度額を定めた趣旨等に照らせば、<u>荷受人</u>も、<u>少なくとも宅配便によって荷物が運送されることを容認していたなどの事情が存するとき</u>は、信義則上、責任限度額を超えて運送人に対して損害の賠償を求めることは許されない。

3　本問の検討

本問では、荷受人（高級腕時計の所有者）が荷送人である友人に対して宅配便による運送を指示しており、荷受人が「宅配便によって荷物が運送されることを容認していた」と認められると考えられる。したがって、荷受人が例え不法行為に基づく責任を追及したとしても、責任限度額を30万円とする約款規定が適用される結果、損害である100万円のうち、30万円しか請求できないこととなると考えられる（標準宅配便運送約款第25条第1項）。

ただし、もし運送人に故意又は重大な過失が認められる場合には、100万円全額の損害賠償を請求できることとなる（同条第6項）。

●標準宅配便運送約款
（損害賠償の額）
第二十五条　当店は、荷物の減失による損害については、荷物の価格（発送地における荷物の価格をいう。以下同じ。）を送り状に記載された責任限度額（以下「限度額」という。）の範囲内[2]で賠償します。
2　当店は、荷物の損傷による損害については、荷物の価格を基準として損

1）最高裁平成10年4月30日判決は、商法第587条が新設される前の判決であるが、約款で定める運送人責任の減免規定についての不法行為責任への準用の可否を判断する際には、依然として重要性を有するものと考えられる。なお、運送品の真の所有者であり、荷送人・荷受人でない者から運送人に対する不法行為に基づく損害賠償請求に関しては、本判例と事実関係を異にするため、判例の射程の吟味が別途必要となる。

傷の程度に応じ限度額の範囲内で賠償します。
3　前二項の規定に基づき賠償することとした場合、荷送人又は荷受人に著しい損害が生ずることが明白であると認められるときは、前二項の規定にかかわらず、当店は限度額の範囲内で損害を賠償します。
4　当店は、荷物の遅延による損害については、次のとおり賠償します。
　一　第十条第一項の場合　第十二条の不在連絡票による通知が荷物引渡予定日の翌日までに行われたときを除き、荷物の引渡しが荷物の引渡予定日の翌日まで行われなかったことにより生じた財産上の損害を運賃等の範囲内で賠償します。
　二　第十条第二項の場合　その荷物をその特定の日時に使用できなかったことにより生じた財産上の損害を限度額の範囲内で賠償します。
5　荷物の滅失又は損傷による損害及び遅延による損害が同時に生じたときは、当店は、第一項、第二項又は第三項の規定及び前項の規定による損害賠償の合計額を限度額の範囲内で賠償します。
6　前五項の規定にかかわらず、当店の故意又は重大な過失によって荷物の滅失、損傷又は遅延が生じたときは、当店はそれにより生じた一切の損害を賠償します。

関連規定

商法第587条

────────────────────

2）通常「30万円」が責任限度額として記載されている。

Q29　運送人の被用者の不法行為責任への準用(商法)

運送品が滅失したので、運送人ではなく、運送人の従業員個人に対して、不法行為責任を追及することはできますか。従業員に対する不法行為責任の追及の場合であっても、運送人の責任を減免する商法の規定の適用はありますか。

A

荷送人又は荷受人は、運送品の滅失等について、運送人ではなく、運送人の従業員個人の不法行為責任を追及することも可能です。

ただし、運送人の従業員個人の不法行為責任の追及の場合であっても、その者に故意又は重大な過失がない限り、運送人の責任を減免する商法の規定（損害賠償額の定額化、高価品の特則、運送品の受取による責任の消滅、1年の除斥期間の規律）は、基本的に準用されることとなります。

▌解　説

1　被用者個人の不法行為責任

運送人の被用者個人が故意又は過失により運送品の滅失等を生

じさせたときは、運送品の所有権侵害として不法行為（民法第709条）の要件を備えることとなり、運送人の被用者個人の不法行為責任も発生することとなる。

2　不法行為責任への準用

商法第587条の規定によって、運送品の滅失等についての運送人の損害賠償の責任が免除され、又は軽減される場合（損害賠償額の定額化・第576条、高価品の特則・第577条、運送品の受取による責任の消滅・第584条、1年の除斥期間・第585条）においては、その責任が免除され、又は軽減される限度において、その運送品の滅失等についての運送人の被用者個人の荷送人又は荷受人に対する不法行為責任も、免除され、又は軽減される（同法第588条第1項）。

ただし、運送人の被用者の故意又は重大な過失によって運送品の滅失等が生じたときは、このような減免規定は適用されない（同条第2項）。

3　被用者の意味

商法第588条の被用者とは、運送という事業の執行のため運送人に使用される者であって、運送人の選任及び監督を受ける関係にあるものをいい、民法第715条の被用者と同義であると解される。雇用関係に限られず、実質的に指揮・監督の関係があれば被用者となり得る。

他方、運送人の被用者と異なり、下請運送人など、運送人から独立した地位を有し、自己の判断によって自己固有の事業を執行する者については、商法第588条の規律は及ばず、その独立事業者の荷送人等に対する不法行為責任は、運送人の荷送人等に対する責任が減免される場合でも、影響を受けないものと考えられる。

もっとも、海運実務では、船荷証券等に、荷主からの請求に対

し履行補助者（独立の契約者を含む。）も海上運送人が有するのと
同じ抗弁を対抗し得る旨の条項（ヒマラヤ条項）が設けられてい
ることが多い。

関連規定

商法第 588 条

Q30　運送に関する保険

　当社（荷主）は、当社の製品を国内工場から国内の各客先に納品するために、国内のトラック運送業者に運送を委託する予定です。万が一の場合に備えて、貨物保険（物保険）に加入した方がいいでしょうか。

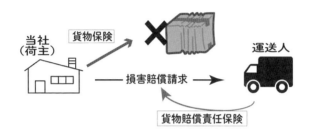

A

　基本的には、運送人による運送中に運送品に発生する滅失・損傷等の損害については、運送人がその損害の賠償責任を負うため、運送人からその損害の賠償がされることとなります。また、運送人が一般的に加入している運送業者貨物賠償責任保険による保険填補が受けられる場合には、これによって運送品に発生した損害が回復されることとなるので、特に貨物保険に加入する必要性は大きくないといえます。

　しかし、例外的に、運送人が損害賠償責任を負わない損害については、荷主が実質的に負担しないといけません。たとえば、運送人に過失（注意義務違反）が認められないケースにおける運送品の損害については、運送人は責任を負いません。また、運送契約で運送人の損害賠償上限額が定められている場合に、この上限額を超えた損害は運送人の責任の範囲外となります。このような例外的な場合

に備えて、貨物保険を付保することで、荷主は運送人から賠償を受けられない損害についても補填を受けられることになります。

　荷主としては、運送人から損害賠償を受けられる範囲・可能性、受けられない場合のリスクの大きさ、運送人による運送業者貨物賠償責任保険の加入の有無、運送品の価額、貨物保険の内容・保険料・免責範囲等を総合的に検討して、貨物保険の付保の要否を決定することになります。

■解　説

1　貨物保険（物保険）

　貨物保険の概要は、次のとおりである。

⑴　保険契約者及び被保険者

　貨物保険は荷主が自らの貨物に付ける保険であるため、基本的には、荷主が保険契約者[1]となり、保険者である保険会社に保険料を支払う。また、被保険者[2]も荷主となる。なお、例外的に、運送人も被保険者を特定すれば保険契約者となることができる。

⑵　保険の目的物

　貨物保険では、基本的には、運送品が保険の目的物となる。ただし、保険約款により、損害填補の内容が限定される貨物もある。

⑶　保険事故

　貨物保険の対象となる保険事故は、個別の保険契約によって、大きく、①オールリスク条件（保険目的物の固有の性質・欠陥及び

1）保険契約者とは、保険契約の一方当事者として、保険者（保険会社）に対して保険料を支払う義務を負う者をいう（保険法第2条第3号）。
2）被保険者とは、損害保険契約により填補することとされる損害を受ける者をいう（保険法第2条第4号イ）。

遅延等による損害を除いて、全ての危険を担保するもの）、又は②特定の保険事故に限定するものに分かれる。

(4)　免責事由

保険事故に該当する場合であっても、法律又は保険約款で定める保険者の免責事由に該当する場合、保険填補の全部又は一部が免除されることとなる。例えば、保険契約者又は被保険者の故意又は重大な過失によって生じた損害、戦争等によって生じた損害、運送品の自然の消耗、運送品固有の性質・欠陥（自然発火、かび、腐敗、変質、変色、さび、蒸発等）による損害、荷造りの不完全による損害、運送の遅延による損害、地震・噴火・津波による損害等が免責事由とされる。

2　運送業者貨物賠償責任保険

運送業者貨物賠償責任保険の概要は、次のとおりである。

(1)　保険契約者・被保険者

運送業者貨物賠償責任保険は、運送人が自らの損害賠償責任やその他の費用の補填を受けるために付けるものである。したがって、基本的には、運送人が保険契約・被保険者となる。

(2)　保険の目的物

基本的には、運送品が保険の目的物となるが、約款で範囲が限定されることもある。

(3)　保険事故

保険契約で定めるが、一般的には、オールリスク条件となる。

(4)　免責事由

運送業者貨物賠償責任保険の保険事故についても、法律又は保険約款で定める保険者の免責事由に該当する場合、保険填補の全部又は一部が免除されることとなる。免責事由は、貨物保険と同様のものが多いが、貨物保険の場合とは異なり、重大な過失によって生じた損害については、保険者の免責事由とはされていな

い。

3　貨物保険の加入の要否

　基本的には、運送人による運送中（荷送人から運送人への運送品の引渡時から運送人から荷受人への運送品の引渡時まで）に運送品に発生する滅失・損傷等の損害については、運送人がその損害の賠償責任を負うため、運送人からその損害の賠償がされることとなる。また、運送人が一般的に加入している運送業者貨物賠償責任保険による保険填補が受けられる場合には、これによって運送品に発生した損害が回復されることとなる。このような場合を念頭におくと、貨物保険に加入する必要性は大きくないといえる。

　しかし、例外的に、運送人が損害賠償責任を負わない損害、例えば、運送人に過失（注意義務違反）が認められないケースにおける運送品の損害については、運送人は損害賠償責任を負わない（商法第575条）。また、運送契約で運送人の損害賠償上限額が定められている場合に、この上限額を超えた損害は、運送人の責任の範囲外となる。このような例外的な場合に備えたい荷主としては、貨物保険を付保することで、運送人から賠償を受けられない損害についても補填を受けられることになる。

　以上のように、荷主としては、運送人から損害賠償を受けられる範囲・可能性、受けられない場合のリスクの大きさ、運送人による運送業者貨物賠償責任保険の加入の有無、運送品の価額（また、高価品該当の有無）、貨物保険の内容・保険料・免責範囲等を総合的に検討して、貨物保険の付保の要否を決定することになる。

関連規定

商法第575条

Q31　引っ越しにおける運送人の責任

　私（荷主）は、引っ越し業者に引っ越しを依頼して、予定どおり、引っ越し業者による作業を全て完了してもらいました。その際、暖房器具等、季節外れの家財道具が入った段ボールは、封をしたままひとまず物置にしまいました。引っ越しから2か月後、そろそろ寒くなってきたので、段ボールから暖房器具を取り出したところ、壊れて動かなくなっていました。私としては、引っ越しの荷造り時には壊れていなかったので、引っ越し業者が作業時に誤って壊してしまったのではないかと考えています。引っ越しから2か月が経過した今、私は、引っ越し業者に対して、損害賠償を請求できますか。

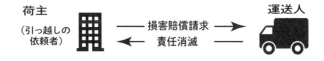

A

　引っ越し業者がその不注意によって引っ越し荷物を損傷させた場合、引っ越し業者は、その損害を賠償する責任を負います。その際、引っ越し業者が責任を負う場合の損害賠償額は、実際に生じた荷物の損傷の額となります。例えば、修理代が発生した場合には、その修理代相当額です。

　期間制限については、標準約款上、荷主による引っ越し荷物の受領から3か月以内にその損傷の通知をすれば、引っ越し業者の責任は消滅しません。

▐ 解　説

1　荷主・引っ越し業者の立証責任

　引っ越しの依頼者（荷主）は、「引っ越し業者による荷物の受取（業者による荷造りを含む。）」から「引っ越し先での荷物の受領（業者による開梱を含む。）」まで間、つまり、引っ越し業者の支配下にある間に荷物が損傷したことを立証する必要がある（標準引越運送約款第22条本文）。そこで、荷主としては、まずは引っ越し前に、荷物の状態を撮影するなどし、また、引っ越し直後に傷の有無を確認して、損傷等を発見すれば直ちに写真撮影をすることで、引っ越し業者の支配下にある間に荷物が損傷したことの証明がしやすくなる。

　他方、仮に引っ越し業者の支配下にある間に荷物が損傷した場合であっても、引っ越し業者の側が運送の全ての過程において注意を怠らなかったことを証明したときは、引っ越し業者は、損害賠償責任を負わない（標準引越運送約款第22条ただし書）[1]。

2　損害賠償の額

　上記1の結果、引っ越し業者が責任を負うこととなった場合、その損害賠償額は、実際に生じた荷物の損傷の額となる（標準引越約款第26条第1項）。たとえば、修理代が発生した場合には、その修理代相当額となる。また、修理不能の場合であれば、その

1）美術品、ピアノ等の特殊品は、引っ越し業者がその内容を知って引き受けた場合に限り、損害賠償責任を負う（標準引越運送約款第24条第1項）。また、パソコン等の電子機器についてその申告がなかった場合、引っ越し業者は、通常どおりの注意をすれば足り、電子機器であることを前提とした特段の注意を怠っていたとしても、その電子機器の損傷についての責任は負わない（同条第2項）。

損傷した荷物の時価相当分が賠償されることとなる（必ずしも新品の代替品の購入費となるわけではない。）。

3　通知の期間制限

　引っ越しの荷物が損傷した場合には、荷主による荷物の受領から3か月以内にその損傷の通知をしない限り、引っ越し業者の責任が消滅してしまう（標準引越運送約款第25条第1項）[2]。本問のように、季節物の荷物などは、その使い始めのシーズンが来るまで段ボールを開けずに放置することもあるかと思われるが、引っ越し後3か月を経過すると、例えその荷物の損傷に気付いたとしても、引っ越し業者の責任は消滅してしまう。

　本問では、引っ越し後2か月経過時点で荷物の損傷に気づいているので、引っ越し中に発生した損傷の可能性があると考える場合には、ひとまず引っ越し業者に対して、荷物の受領から3か月以内にその損傷の通知をすることが安全である。

　なお、上記の3か月以内の損傷の通知をした上で、引っ越し業者と協議をし、それでも満足いく回答がなかった場合には、裁判等で請求することも視野に入れなければならない。この場合の留意点は、引っ越し業者に対する損害賠償請求権は、荷主による荷物の受領日から1年で消滅（除斥期間）すること（標準引越運送約款第27条第1項）である。

4　保険の利用

　引っ越しに関する保険は、大きく①引越荷物運送保険（荷主が任意に加入）、②運送業者貨物賠償責任保険（引っ越し業者が加入）

2）商法上は、最大でも2週間以内に損傷の通知が必要とされている（第584条第1項）ので、この点では、商法よりも標準引越運送約款の規定の方が、荷主に有利な内容（特約）となっている。

の2種類に分かれる。

(1) ①引越荷物運送保険

①引越荷物運送保険は、荷主が任意で加入するものであり、数千円程度で加入できるものもあるようである。この保険に加入するメリットは、引っ越し中に発生した損傷であることがわかれば、基本的には保険により填補されるので、荷主自ら引っ越し業者との直接交渉をしなくてもいいという点にあると思われる。

もっとも、引っ越し代金以外に保険料分の負担をするのは避けたいと思われる場合もあり、また、引越荷物運送保険がなくとも、基本的には、発生した損害は引っ越し業者から直接賠償されるのが通常であるので、保険加入は必須とはいえないと考えられる。

(2) ②運送業者貨物賠償責任保険

②運送業者貨物賠償責任保険は、通常、引っ越し業者が加入しているものである。業者によっては、保険料の増額を避けたい等により、保険を使わずに自社で賠償したいと申し出る場合もあり、保険を使うかどうかは業者の判断事項となる。荷主側としては、とにかく適切な損害賠償をしてもらうという姿勢で、運送業者側の保険適用も視野に入れて協議することになると思われる。

5 約款に基づく協議

以上の解説は、国土交通省の標準引越運送約款に基づいて、引っ越し荷物に損傷があった場合における荷主の対処法である。

引越約款は、各引っ越し業者の独自のものを使っている場合もあるので、まずは見積時等に約款を確認することが重要である。なお、標準引越運送約款では、見積時に約款を提示することになっている（標準引越運送約款第3条第6項）。

関連規定

商法第584条

Column4　資格試験突破の２つのカギ

　筆者は、（決して自慢するつもりではないですが……）これまで多くの資格試験をクリアし、「資格マニア」と言われるほどです。現在保有している主な資格は、次のとおりです。
　・弁護士（旧司法試験合格）
　・英国弁護士 Solicitor（QLTS 合格）
　・米国公認会計士 U.S. Certified Public Accountant（同試験合格）
　・一級小型船舶操縦免許（同試験合格）

　特に地頭が優れているわけでもないので、コツコツと勉強を継続するしかなかったのですが、時間がない中で効率的に試験合格することを目標に据えながら、多くの資格試験を経験した結果、私なりに考える重要な試験対策方法は、①選択と集中、②アウトプットからのインプットです。

　①『選択と集中』とは、手を広げすぎず、合格に必要なコアの知識を見極め、これをひたすらまわす（繰り返して頭に叩き込む）ことに注力することです。どんな試験でも、必要なコアの知識の精度が高ければ、そこで基礎点を稼げるので、相対的に他の受験生に差をつけることができ、これだけで合格できると信じています（実際に、旧司法試験のときもこの戦略で大学在学中に合格できました。）。
　重要なのは、コア知識の精度の高さです。ここを曖昧にすると、基礎点すら稼げません。逆にここが正確だと、些末な又は発展問題（解ける受験生は少ない）については、しっかりした基礎をベースに簡潔に検討するだけで、十分戦えるレベルの回答になります（択一・論文試験に共通）。

　②『アウトプットからのインプット』とは、とりあえず問題を解いてみて、そこで間違えた知識や何度も問われる重要な知識を、自分のコア知識となるサマリーノートや教科書等に追記して、これを

上記①のとおりひたすらまわしてインプットする、ということです。通常は過去問が最重要であると思われますが、例えば、QLTS（英国弁護士試験）では入手できなかったので、予備校問題に頼りました。それでも一応何とかワークしていたと思います（択一・論文試験に共通）。過去問（アウトプット）で問われる知識にフォーカスしてインプットする、ということです。前田裕二さんの「メモの魔力」（幻冬舎）にも書いていましたが、あてもなく穴を掘っても金脈には当たらず、金脈がありそうなところにフォーカスして掘っていく必要がある、ということですね。

　以上が筆者なりの資格試験突破の２つのポイントです。全ての資格試験に共通するわけではないかもしれませんが、私の経験上、多くの試験で合格に役立った対策方法ですので、ご参考までに、ご紹介させていただきます。

Chapter 3

旅客運送

Q32　旅客運送契約の定義

旅客運送契約とは、どのような契約ですか。

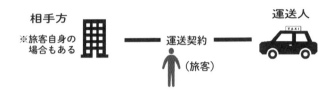

A

　旅客運送契約は、運送人が旅客を運送することを約し、相手方が
その結果に対してその運送賃を支払うことを約することによって、
その効力を生ずる契約です。

▍解　説

1　旅客運送契約の定義

　商法では、旅客運送契約は、運送人が旅客を運送することを約
し、相手方がその結果に対してその運送賃を支払うことを約する
ことによって、その効力を生ずると規定されている（商法第589
条）。

2　ポイント

　ポイントとしては、①運送人と相手方との合意のみにより成立
すること、②諾成・不要式の契約であること、③旅客を運送する
という結果（仕事の完成）を目的としており、民法上の請負契約
の性質を有することが挙げられる。

3　①運送人と相手方との合意のみにより成立すること

　旅客運送契約は、運送人と相手方との合意のみにより成立する。旅客運送契約は、運送人と旅客以外の者との間で締結されることもあり得る。例えば、学校法人がバス会社との間でバスを貸し切って学生を旅客とする運送契約を締結する場合には、旅客運送契約の相手方は学校法人であり、実際に運送される旅客は学生となる。

4　②諾成・不要式の契約であること

　旅客運送契約が成立するためには、運送人と相手方が合意することのみにより成立する。必ずしも書面による必要はなく、口頭のみによっても成立する。

5　③仕事の完成を目的とすること

　旅客運送契約は、旅客を運送するという結果、つまり、運送人による旅客運送という仕事の完成を目的としており、民法上の請負契約[1]の性質を有する。

6　旅客運送の種類

　旅客運送には、次のような運送機関による運送がある。
　(i)　陸上運送：バス、タクシー、ハイヤー、鉄道、軌道（モノレール等）、無軌条電車（トロリーバス等）、索道（ロープウェイ等）など

1）●民法（明治二十九年法律第八十九号）
（請負）
第六百三十二条　請負は、当事者の一方がある仕事を完成することを約し、相手方がその仕事の結果に対してその報酬を支払うことを約することによって、その効力を生ずる。

(ii)　海上運送：高速船（旅客船）、フェリー（貨客船）、クルーズ船、遊覧船など

(iii)　航空運送：飛行機、ヘリコプターなど

　これらの旅客運送における運送人の損害賠償責任については、陸上・海上・航空運送を問わず、原則として商法が適用される。ただし、鉄道運送における受託手荷物に係る責任等については、鉄道営業法に商法の特則が一部定められている。また、国際航空運送のうち、二の締約国の領域内にある運送などの所定の要件を満たすものについては、モントリオール条約等の適用を受け、商法ではなく、条約によって自足的に法律関係が規律されている。

7　旅客運送事業の許可等の根拠法

　各運送機関による旅客運送事業の許可等の根拠法は、次のとおりである。
- バス、タクシー、ハイヤー（自動車運送事業）：道路運送法
- 鉄道（鉄道事業）、ロープウェイ（索道事業）等：鉄道事業法
- モノレール（軌道事業）、トロリーバス（無軌条電車事業）等：軌道法
- 高速船、フェリー等（海上運送事業）：海上運送法
- 飛行機、ヘリコプター等（航空運送事業）：航空法

8　自動車運転代行契約

　自動車運転代行契約は、他人に代わって自動車を運転する役務の提供を約することを内容とするものであり、旅客運送契約には当たらないと考えられている（実務上も、旅客自動車運送事業の許可を得ていない。）。

（参照条文）

●**自動車運転代行業の業務の適正化に関する法律**（平成十三年法律第五十七号）

（定義）

第二条　この法律において「自動車運転代行業」とは、他人に代わって自動車（道路交通法（昭和三十五年法律第百五号）第二条第一項第九号に規定する自動車をいう。以下同じ。）を運転する役務を提供する営業であって、次の各号のいずれにも該当するものをいう。

一　主として、夜間において客に飲食をさせる営業を営む者から酒類の提供を受けて酒気を帯びた状態にある者（以下この条において「酔客」という。）に代わって自動車を運転する役務を提供するものであること。

二　酔客その他の当該役務の提供を受ける者を乗車させるものであること。

三　常態として、当該自動車に当該営業の用に供する自動車が随伴するものであること。

関連規定

商法第589条

民法第632条

Q33　モントリオール条約の概要

　国際旅客運送の運送人が負う法的責任を定めるモントリオール条約の規律の概要は、どのようなものですか。

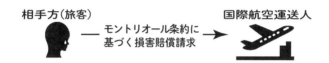

相手方（旅客）　　━━　モントリオール条約に　━▶　国際航空運送人
　　　　　　　　　　　基づく損害賠償請求

A

　国際航空運送のうち、二の締約国の領域内にある運送などの所定の要件を満たすものについては、モントリオール条約等の適用を受け、商法ではなく、条約によって自足的に法律関係が規律されている。

　モントリオール条約の概要は、次の解説のとおりです。

▌解　説

1　モントリオール条約の概要

　旅客運送人の負うべき法的責任の在り方について、モントリオール条約[1]の規律の概要は、次のとおりである。

(1)　強行法規性

　運送人の責任を減免し、又は条約所定の責任限度額より低額の責任の限度を定める特約は、無効である（条約第26条）。

(2)　責任原則

　運送人は、航空機上又は乗降作業中に生じた人身損害[2][3]につき賠償責任を負うところ、① 128,821SDR（約2448万円）ま

では無過失でも責任を負い、②それを超える部分については、過失がないことを証明すれば免責される（責任原則の二層性。条約第 17 条第 1 項、第 21 条）。

(3)　**除斥期間**

　　損害賠償請求権は、到達地への到達後 2 年内に訴えが提起されない場合には、消滅する（条約第 35 条第 1 項）。

(4)　**不法行為責任**

　　損害賠償の訴えは、契約に基づくものであるか、不法行為その他の事由に基づくものであるかを問わず、条約所定の条件及び責任の限度に従う（条約第 29 条）。

2　商法との対比

　　商法第 2 編第 8 章第 3 節（旅客運送）では、上記 **1** (1)につき運送人の人身損害に係る責任（遅延を主たる原因としないものに限る。）を減免する特約は無効とする旨の規定が設けられている。また、上記 **1** (2)につき運送人は注意を怠らなかったことを証明すれば免責される（いわゆる過失推定責任）。なお、上記 **1** (3)(4)の規律は、商法にはない。

1）日本は、国際航空運送について、1999 年のモントリオール条約のほか、現在も次の 3 つの条約に加盟している。
　・　1929 年のワルソー条約（責任限度額は、旅客 1 人当たり約 1 万米ドル）
　・　1955 年のヘーグ議定書改正ワルソー条約（責任限度額は、旅客 1 人当たり約 2 万米ドル）
　・　1975 年のモントリオール第 4 議定書改正ワルソー条約
2）旅客の延着については各旅客につき 5346SDR（約 102 万円）の、旅客の手荷物の滅失・延着等については各旅客につき 1288SDR（約 24 万円）の責任限度額の定めがある（条約第 22 条第 2 項）。
3）旅客の手荷物の滅失・延着等については、国内航空運送約款では、モントリオール条約と異なり、基本的に各旅客につき 15 万円を限度とするのが一般的である。

【関連規定】
モントリオール条約第17条第1項、第21条、第26条、第29条、第35
条第1項

Q34　旅行契約と旅客運送契約との関係

旅行契約と旅客運送契約との関係は、どのようなものでしょうか。

A

旅行契約は、大きく、企画旅行と手配旅行とに分かれます。企画旅行では、基本的には、運送人と旅行業者との間で旅客運送契約が締結されます。他方、手配旅行では、取次契約の場合を除き、基本的には、運送人と旅客（相手方）との間で旅客運送契約が成立します。

▌解　説

1　旅行契約

旅行契約とは、一定の旅行業務の取扱いに関し、旅行業者が旅行者と締結する契約をいい、企画旅行契約と手配旅行契約とがある（旅行業法第2条第4項、第5項）。

2　企画旅行

企画旅行においては、旅行業者は、旅行に関する計画を作成し、当該計画に必要な運送等サービスの提供に係る契約を、自己の計算において、運送等サービスの提供者との間で締結するなどの業務を行う（旅行業法第2条第1項第1号）[1]。

この場合には、通常、運送人と旅行業者との間で旅行者を旅客とする旅客運送契約を締結するものと考えられる。

【企画旅行の典型例】

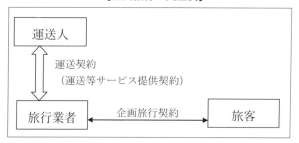

3　手配旅行

　手配旅行においては、旅行業者は、旅行者のため、運送等サービスの提供を受けることについて、①代理して契約を締結し、②媒介をし、又は③取次ぎをするなどの業務を行う（旅行業法第2条第1項第3号）[2]。

　旅行業者が①代理又は②媒介を行う場合には、運送人及び旅客（相手方）が旅客運送契約上の権利義務の帰属主体となり、旅行業者はその帰属主体とならない。旅行業者が③取次ぎを行う場合には、旅行業者は、自己の名をもって旅客の計算において運送人

1）旅行業者が運送等サービス提供契約を「自己の計算において」締結することの意味については、例えば、旅行業者が、一定数の旅館の部屋の買取保証というリスクを負担しつつ、旅行者との間で、運送機関・宿泊等の代金を包括的に定めることを前提に、その部屋の価格を自由に設定するという利益を得る点にあるといわれる。

　旅行業法は、旅行業者がこのようなリスクを負担する限り、企画旅行に該当するものとしており、民商法上の法的概念については触れていない（運送契約の取次ぎに当たる場合や、代理ないし媒介に当たる場合もあり得るといわれる。）。

2）利用運送の形態（旅行業者が旅行者と元請運送契約を締結し、その履行手段として実運送事業者と下請運送契約を締結する形態。旅行業法第2条第1項第5号）は、旅客運送では実例に乏しいようである。

との間で旅客運送契約を締結することになる。

【①代理による運送契約の締結】

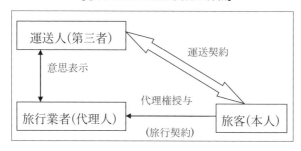

【②運送契約の媒介】

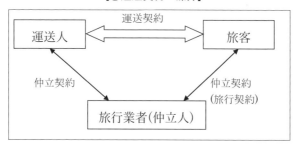

【③運送契約の取次ぎ】

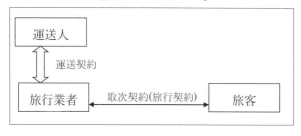

（参照条文）

●**旅行業法**（昭和二十七年法律第二百三十九号）

（定義）

第二条　この法律で「旅行業」とは、報酬を得て、次に掲げる行為を行う事業（専ら運送サービスを提供する者のため、旅行者に対する運送サービスの提供について、代理して契約を締結する行為を行うものを除く。）をいう。

一　旅行の目的地及び日程、旅行者が提供を受けることができる運送又は宿泊のサービス（以下「運送等サービス」という。）の内容並びに旅行者が支払うべき対価に関する事項を定めた旅行に関する計画を、旅行者の募集のためにあらかじめ、又は旅行者からの依頼により作成するとともに、<u>当該計画に定める運送等サービスを旅行者に確実に提供するために必要と見込まれる運送等サービスの提供に係る契約を、自己の計算において、運送等サービスを提供する者との間で締結する行為</u>

二　前号に掲げる行為に付随して、運送及び宿泊のサービス以外の旅行に関するサービス（以下「運送等関連サービス」という。）を旅行者に確実に提供するために必要と見込まれる運送等関連サービスの提供に係る契約を、自己の計算において、運送等関連サービスを提供する者との間で締結する行為

三　旅行者のため、運送等サービスの提供を受けることについて、代理して契約を締結し、媒介をし、又は取次ぎをする行為

四　運送等サービスを提供する者のため、旅行者に対する運送等サービスの提供について、代理して契約を締結し、又は媒介をする行為

五　他人の経営する運送機関又は宿泊施設を利用して、旅行者に対して運送等サービスを提供する行為

六　前三号に掲げる行為に付随して、旅行者のため、運送等関連サービスの提供を受けることについて、代理して契約を締結し、媒介をし、又は取次ぎをする行為

七　第三号から第五号までに掲げる行為に付随して、運送等関連サービスを提供する者のため、旅行者に対する運送等関連サービスの提供について、代理して契約を締結し、又は媒介をする行為

八　第一号及び第三号から第五号までに掲げる行為に付随して、旅行者の案内、旅券の受給のための行政庁等に対する手続の代行その他旅行者の便宜となるサービスを提供する行為

九　旅行に関する相談に応ずる行為

2・3　（略）

4　この法律で<u>「企画旅行契約」</u>とは、第一項第一号、第二号及び第八号

（同項第一号に係る部分に限る。）に掲げる旅行業務の取扱いに関し、旅行業を営む者が旅行者と締結する契約をいう。
5　この法律で「手配旅行契約」とは、第一項第三号、第四号、第六号（同項第三号及び第四号に係る部分に限る。）、第七号（同項第三号及び第四号に係る部分に限る。）及び第八号（同項第三号及び第四号に係る部分に限る。）に掲げる旅行業務の取扱いに関し、旅行業を営む者が旅行者と締結する契約をいう。

関連規定

旅行業法第２条第１項、第４項、第５項

Q35 Uber等の自家用有償運送

Uber 等を用いた自家用自動車による旅客運送や NPO 法人の自家用有償旅客運送にも、商法の旅客運送の規律が適用されますか。

A

もし Uber 等による自家用有償旅客運送が日本でも実施された場合、商法上は、営利事業として旅客運送の引受けがされている限り、旅客運送の規律が適用されると考えられます。

他方、NPO 法人の自家用有償旅客運送については、運送の対価が実費の範囲内であること、営利を目的としているとは認められない妥当な範囲内であること等を基準として定められているため、基本的には、商法の旅客運送の規律は適用されないと考えられます。

▌解　説

1　商法の規律

　商法は、商事について定める法律であり（第1条第1項）、営利事業として運送の引受けをする者を運送人と定義した上（第569条第1号）、運送人の締結する運送契約に関する規律を設けている。

2　Uber 等を用いた自家用自動車による有償旅客運送

(1)　近年、米国を含む海外の多くの国では、自家用自動車を用いて旅客運送の引受けを行うサービスが Uber 等により提供されている。もし Uber 等による自家用有償旅客運送が日本でも実施された場合、商法上は、営利事業として旅客運送の引受けがされている限り、旅客運送の規律が適用されると考えられる。

(2)　日本の Uber では、現在、タクシーの配車サービスが行われ

ているが、自家用自動車による旅客運送サービスの手配については本格参入がされていないようである。そのハードルの一つに道路交通法による規制がある。同法では、自家用自動車による有償旅客運送について、災害のため緊急を要するときやバス・タクシー等の公共交通事業が成り立たない地域において住民の輸送手段を確保する必要がある場合等に限定して認められており、その柔軟な運用や法改正が待たれるところである。

3　NPO法人の自家用有償旅客運送

　特定非営利活動法人等は、過疎地域等における住民等の運送（公共交通空白地有償運送）や身体障害者等の運送（福祉有償運送）を行う場合には、国土交通大臣の登録を受けて、有償で自家用自動車を運送の用に供すること（自家用有償旅客運送）ができるとされている（道路運送法第78条第2号参照）。

　もっとも、この場合の運送の対価は、実費の範囲内であること、営利を目的としているとは認められない妥当な範囲内であること等を基準として定められており（道路運送法第79条の8第2項、道路運送法施行規則第51条の15）、基本的には、商法の旅客運送の規律は適用されないと考えられる。

（参照条文）
●**道路運送法**（昭和二十六年法律第百八十三号）
（一般旅客自動車運送事業の許可）
第四条　一般旅客自動車運送事業を経営しようとする者は、国土交通大臣の許可を受けなければならない。
（有償運送）
第七十八条　自家用自動車（事業用自動車以外の自動車をいう。以下同じ。）は、次に掲げる場合を除き、有償で運送の用に供してはならない。
　一　災害のため緊急を要するとき。
　二　市町村（特別区を含む。以下この号において同じ。）、特定非営利活動促進法（平成十年法律第七号）第二条第二項に規定する特定非営利活動法人その他国土交通省令で定める者が、次条の規定により一の市町村の

区域内の住民の運送その他の国土交通省令で定める旅客の運送（以下
「自家用有償旅客運送」という。）を行うとき。

三　公共の福祉を確保するためやむを得ない場合において、国土交通大臣
の許可を受けて地域又は期間を限定して運送の用に供するとき。

（登録）

第七十九条　自家用有償旅客運送を行おうとする者は、国土交通大臣の行う
登録を受けなければならない。

（旅客から収受する対価の掲示等）

第七十九条の八　自家用有償旅客運送者は、その業務の開始前に、旅客から
収受する対価を定め、国土交通省令で定めるところにより、これをその事
務所において公衆に見やすいように掲示し、又はあらかじめ、旅客に対し
説明しなければならない。これを変更するときも同様とする。

2　前項の対価は、実費の範囲内であることその他の国土交通省令で定める
基準に従つて定められたものでなければならない。

●道路運送法施行規則（昭和二十六年運輸省令第七十五号）

（旅客から収受する対価の基準）

第五十一条の十五　法第七十九条の八第二項の旅客から収受する対価の基準
は、次のとおりとする。

一　旅客の運送に要する燃料費その他の費用を勘案して実費の範囲内であ
ると認められること。

二　合理的な方法により定められ、かつ、旅客にとつて明確であること。

三　当該地域における一般旅客自動車運送事業に係る運賃及び料金を勘案
して、当該自家用有償旅客運送が営利を目的としているとは認められな
い妥当な範囲内であり、かつ、地域公共交通会議等において協議が調つ
ていること（第五十一条の七第二号に該当する場合にあつては、当該運
賃及び料金を勘案して、当該自家用有償旅客運送が営利を目的としてい
るとは認められない妥当な範囲内であり、かつ、同号の地域公共交通計
画において当該対価が定められていること。）。

［関連規定］

商法第1条第1項、第569条第1号

道路運送法第4条、第78条、第79条、第79条の8

Q36　引受拒絶

　レストランでお酒を飲んで泥酔してしまったので、タクシーで帰宅しようとしてタクシーに乗り込んだところ、運転手から、乗車拒否されてしまいました。公共交通機関であるタクシーでも乗車拒否できるのでしょうか。

A

　原則として、タクシーは、運送の引受けを拒絶してはならないとされています。

　しかし、例外的に、泥酔している者等については、引受拒絶できます。

▌解　説

1　引受義務と引受拒絶の規定

　タクシー等の一般乗用旅客自動車運送事業者又は路線バス等の一般乗合旅客自動車運送事業者は、道路運送法第13条に基づき、原則として、運送の引受を拒絶してはならない。

　ただし、同条は例外的に旅客の引受けを拒絶できる場合を定めている。

　そして、引受拒絶ができる場合をより具体的に定めているのが、旅客自動車運送事業運輸規則である。また、同規則の規定を踏ま

え、一般乗用旅客自動車運送事業標準運送約款[1] の第4条及び
第4条の2において、引受拒絶ができる場合としてより平易な規
定が設けられている。

2　泥酔客

　一般乗用旅客自動車運送事業標準運送約款第4条第8条では、
「旅客が行先を明瞭に告げられないほど又は人の助けなくしては
歩行が困難なほど泥酔しているとき」は、旅客運送の引受拒絶が
できると規定されている。

　したがって、本問の場合でも、外見・言動等から、行先を明瞭
に告げられないほど又は人の助けなくしては歩行が困難なほど泥
酔していると認められる場合には、タクシーによる乗車拒否が認
められることとなる。

（参照条文）
●**道路運送法**（昭和二十六年法律第百八十三号）
（運送引受義務）
第十三条　一般旅客自動車運送事業者（一般貸切旅客自動車運送事業者を除
　く。次条において同じ。）は、次の場合を除いては、運送の引受けを拒絶
　してはならない。
　一　当該運送の申込みが第十一条第一項の規定により認可を受けた運送約
　　款（標準運送約款と同一の運送約款を定めているときは、当該運送約
　　款）によらないものであるとき。
　二　当該運送に適する設備がないとき。
　三　当該運送に関し申込者から特別の負担を求められたとき。
　四　当該運送が法令の規定又は公の秩序若しくは善良の風俗に反するもの
　　であるとき。
　五　天災その他やむを得ない事由による運送上の支障があるとき。

1）国土交通省のウェブサイト（https://www.mlit.go.jp/common/001029239.
　pdf）からダウンロード可能である。なお、路線バス等に用いられる一般乗
　合旅客自動車運送事業標準運送約款は、https://wwwtb.mlit.go.jp/kanto/
　content/000104293.pdf1）を参照されたい。

　六　前各号に掲げる場合のほか、国土交通省令で定める正当な事由がある
　　とき。

●旅客自動車運送事業運輸規則（昭和三十一年運輸省令第四十四号）

（運送の引受け及び継続の拒絶）

第十三条　一般乗合旅客自動車運送事業者又は一般乗用旅客自動車運送事業
　者は、次の各号のいずれかに掲げる者の運送の引受け又は継続を拒絶する
　ことができる。

　一　第十五条の二第七項又は第四十九条第四項の規定による制止又は指示
　　に従わない者

　二　第五十二条各号に掲げる物品（同条ただし書の規定によるものを除
　　く。）を携帯している者

　三　泥酔した者又は不潔な服装をした者等であつて、他の旅客の迷惑とな
　　るおそれのある者

　四　付添人を伴わない重病者

　五　感染症の予防及び感染症の患者に対する医療に関する法律（平成十年
　　法律第百十四号）に定める一類感染症、二類感染症、新型インフルエン
　　ザ等感染症若しくは指定感染症（同法第四十四条の九の規定に基づき、
　　政令で定めるところにより、同法第十九条又は第二十条の規定を準用す
　　るものに限る。）の患者（同法第八条（同法第四十四条の九において準
　　用する場合を含む。）の規定により一類感染症、二類感染症、新型イン
　　フルエンザ等感染症又は指定感染症の患者とみなされる者を含む。）又
　　は新感染症の所見がある者

●一般乗用旅客自動車運送事業標準運送約款

（運送の引受け）

第３条　当社は、次条又は第４条の２第２項の規定により運送の引受け又は
　継続を拒絶する場合を除いて、旅客の運送を引き受けます。

（運送の引受け及び継続の拒絶）

第４条　当社は、次の各号のいずれかに該当する場合には、運送の引受け又
　は継続を拒絶することがあります。

　（１）当該運送の申込みがこの運送約款によらないものであるとき。

　（２）当該運送に適する設備がないとき。

　（３）当該運送に関し、申込者から特別な負担を求められたとき。

　（４）当該運送が法令の規定又は公の秩序若しくは善良の風俗に反するも
　　のであるとき

　（５）天災その他やむを得ない事由による運送上の支障があるとき。

　（６）旅客が乗務員の旅客自動車運送事業運輸規則の規定に基づいて行う
　　措置に従わないとき。

（7）旅客が旅客自動車運送事業運輸規則の規定により持込みを禁止された物品を携帯しているとき。

（8）旅客が行先を明瞭に告げられないほど又は人の助けなくしては歩行が困難なほど泥酔しているとき。

（9）旅客が車内を汚染するおそれがある不潔な服装をしているとき。

（10）旅客が付添人を伴わない重病者であるとき。

（11）旅客が感染症の予防及び感染症の患者に対する医療に関する法律による一類感染症、二類感染症、新型インフルエンザ等感染症若しくは指定感染症（入院を必要とするものに限る）の患者（これらの患者とみなされる者を含む）又は新感染症の所見のある者であるとき。

第4条の2　当社の禁煙車両（禁煙車である旨を表示した車両をいう。次項において同じ）内では、旅客は喫煙を差し控えていただきます。

2　旅客が当社の禁煙車両内で喫煙し、又は喫煙しようとしている場合、運転者は喫煙を中止するように求めることができ、旅客がこの求めに応じない場合には、運送の引受け又は継続を拒絶することがあります。

関連規定

道路運送法第13条

旅客自動車運送事業運輸規則第13条

Q37　旅客運送人の責任、特約禁止

旅客運送中に怪我をしました。旅客運送人に対して、損害賠償請求できますか。運送人の責任の上限額を定める特約があった場合はどうなりますか。

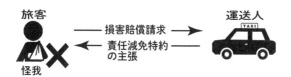

A

旅客側は、運送のために損害を受けた（怪我をした）ことを主張立証すれば、基本的には損害賠償請求が可能となりますが、もし旅客運送人側で、運送に関して注意を怠らなかったこと、例えば、合理的と認められる業界水準を満たす技術により運送を実施していたこと等を主張立証すれば、その責任の追及はできません。

旅客の生命又は身体の侵害による運送人の損害賠償責任を免除し又は軽減する特約は、法律が定める例外事由に該当しない限り、無効とされます。

▌解　説

1　旅客運送人の責任

法律上、旅客運送人は、旅客が運送のために受けた損害を賠償する責任を負うこととしつつ、運送人が運送に関し注意を怠らなかったことを証明したときは責任を負わないと規定されている（商法第590条）[1]。したがって、本問の場合、旅客側は、運送の

ために損害を受けた（怪我をした）ことを主張立証すれば足りる。他方、旅客運送人側では、運送に関して注意を怠らなかったこと、例えば、合理的と認められる業界水準を満たす技術により運送を実施していたこと等を主張立証すれば、その責任を負わなくて済む。

2　運送人の責任上限額の特約

(1)　法律上、旅客の生命又は身体の侵害による運送人の損害賠償責任を減免する特約は、原則として無効とされる（商法第591条第1項）。

(2)　しかし、その例外として、そのような減免の特約のうち運送の遅延を主たる原因とするものは、一律無効とはしていない（商法第591条第1項）。列車等の遅延はしばしば発生し、運送人の帰責事由の有無の究明も容易でないところ、免責特約の余地を認めないと、遅延の都度多数の旅客との間に大量の紛争が生じ、運送事業の合理的運営を阻害して、運送賃の上昇を招きかねないこと等を踏まえたものとされる。

　　また、①大規模な火災、震災その他の災害（人災と天災の双方が含まれる。）が発生し、又は発生するおそれがある場合に運送を行うとき、②運送に伴い通常生ずる振動その他の事情により生命又は身体に重大な危険が及ぶおそれがある者の運送を行うときも、免責特約を一律無効としていない（同条第2項）。①にあっては救援物資を届ける者や報道関係者など、②にあっては転院を求める重病人などについて、運送の必要性が高いとこ

1）商法第590条は、基本的には、民法第415条及び商法第578条が定める損害賠償請求権の主張・立証責任と同じ構造を有する。なお、旅客運送人の商法第590条に基づく責任については、物品運送人の1年の除斥期間のような規定はなく、民法の消滅時効の規定（民法第166条、第167条）が適用される。

ろ、いずれの場合も、標準運送約款において事業者の運送引受
義務が免除されていることなどから、免責特約の余地を認めな
いと、事業者が運送の引受けを躊躇し、真に必要な運送サービ
スが確保されないおそれがあること等を踏まえたものであると
される。

　ただし、この例外的取扱いとして運送人が免責特約を締結し
た場合には、商法第591条第1項の規定により一律に無効とさ
れることはないものの、当該免責特約の内容、運送人の過失の
程度、旅客に生じた損害の程度等の事情を踏まえ、消費者契約
法第10条 2) 又は民法第90条によりなお特約が無効と判断さ
れる余地はある。

（参照条文）
●**消費者契約法**（平成十二年法律第六十一号）
（消費者の利益を一方的に害する条項の無効）
第十条　消費者の不作為をもって当該消費者が新たな消費者契約の申込み又
　はその承諾の意思表示をしたものとみなす条項その他の法令中の公の秩序
　に関しない規定の適用による場合に比して消費者の権利を制限し又は消費
　者の義務を加重する消費者契約の条項であって、民法第一条第二項に規定
　する基本原則に反して消費者の利益を一方的に害するものは、無効とする。
●**標準海上運送約款**
（運送の引受け）
第3条　当社は、使用船舶の輸送力の範囲内において、運送の申込み順序に
　より、旅客及び手回り品の運送契約の申込みに応じます。
2　当社は、前項の規定にかかわらず、次の各号のいずれかに該当する場合
　は、運送契約の申込みを拒絶し、又は既に締結した運送約款を解除するこ
　とがあります。

2）消費者契約法第8条と商法第591条第1項との関係について、例えば、消費
　者との間で締結する旅客運送契約において、運送人の重過失による人身損
　害に係る債務不履行責任を免除する条項については、消費者契約法第8条と
　商法第591条第1項が競合し、いずれによっても無効となるが、消費者契約
　法第11条第1項によって消費者契約法の規定が優先する。

⑴　当社が第5条の規定による措置をとった場合
⑵　旅客が次のいずれかに該当する者である場合
　　ア　感染症の予防及び感染症の患者に対する医療に関する法律による一類感染症……の患者……又は新感染症の所見がある者
　イ・ウ　（略）
　エ　年齢、健康上その他の理由によって生命が危険にさらされ、又は健康が著しく損なわれるおそれのある者
（運航の中止等）
第5条　当社は、法令の規定によるほか、次の各号のいずれかに該当する場合は、予定した船便の発航の中止又は使用船舶、発着日時、航行経路若しくは発着港の変更の措置をとることがあります。
⑴　気象又は海象が船舶の航行に危険を及ぼすおそれがある場合
⑵　天災、火災、海難、使用船舶の故障その他やむを得ない事由が発生した場合
⑶　船員その他運送に携わる者の同盟罷業その他の争議行為が発生した場合
⑷以下　（略）

（関連規定）

商法第590条、第591条

民法第90条

消費者契約法第10条

Q38　運送人の免責特約の禁止

　安定期の妊婦や軽微な症状の病人についての人身損害に係る運送人の損害賠償責任を減免する特約は、有効ですか。

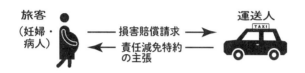

A

　安定期の妊婦や軽微な症状の病人は、商法第591条第2項第2号の例外要件に基本的には該当しないため、このような者の運送を行う場合における人身損害の免責特約は無効となると考えられます。

▌解　説

　安定期の妊婦や軽微な症状の病人は、商法第591条第2項第2号の例外要件、すなわち、「運送に伴い通常生ずる振動その他の事情により生命又は身体に重大な危険が及ぶおそれがある者」に基本的には該当しないため、このような者の運送を行う場合における人身損害の免責特約は無効となると考えられる（同条第1項）。

　なお、標準運送約款では、事業者は、安定期の妊婦や軽微な症状の病人についても、運送引受義務を負っている。公共交通機関においては、基本的に、通常の旅客に対して安全な運送を提供している場合には、結果として一定の旅客に症状悪化等の損害を及ぼしたとしても、運送に関する注意義務違反（商法第590条）は認められないと考えられる。ただし、運送中に旅客が危篤状態に陥った場合に、必要な対応を怠ったときなどは、運送人に注意義

務違反が認められることとなる。

関連規定

商法第591条

Q39　運送人の免責特約の禁止(PTSD)

　免責特約が禁止される「旅客の生命又は身体の侵害」による運送人の責任には、事故により外傷を生ずる場合だけでなく、外傷を伴わずPTSD（心的外傷後ストレス障害）を生ずるにとどまる場合も含まれますか。

A

　事故により外傷を伴わずPTSD（心的外傷後ストレス障害）を生ずるにとどまる場合であっても、商法第591条第1項の「旅客の身体の侵害」に該当するものであり、これによる損害の免責特約も、同項により無効となると考えられます。

▌解　説

　例えば、飛行機の墜落の危険に遭遇し、旅客が極めて大きな恐怖を感じた結果、身体的な外傷はないものの、PTSD（心的外傷後ストレス障害）[1]に罹患した事例については、商法第591条第1項の「旅客の身体の侵害」に該当するものであり、これによる損害の免責特約も、同項により無効となると考えられる。

関連規定　商法第591条第1項

1）PTSDは、世界保健機関作成の国際疾病分類第10改訂版において、疾病として記載されている。

Q40　受託手荷物についての責任

旅客運送人に預けた手荷物が滅失しました。旅客運送人はどのような責任を負いますか。

相手方（旅客）　　── 損害賠償請求 ➡　　運送人

手荷物 ✕

A

　旅客運送人は、受託手荷物（旅客から引渡しを受けた手荷物）については、運送賃を請求しないときであっても、物品運送人と同一の責任を負います。したがって、商法上、受託手荷物に関する旅客運送人の責任については、物品運送人に適用される減免規定（損害賠償額の定額化、高価品の特則、運送品の受取による責任の消滅、1年の除斥期間、不法行為責任への準用）が適用されることとなります。

　また、旅客運送人の被用者は、受託手荷物について、物品運送人の被用者と同一の責任を負うこととなる結果、上記の責任減免規定が適用されます。

▌解　説

1　受託手荷物についての旅客運送人の責任

　旅客運送人は、受託手荷物（旅客から引渡しを受けた手荷物）については、運送賃を請求しないときであっても、物品運送人と同一の責任を負います（商法第592条第1項）。

　したがって、商法上、受託手荷物に関する旅客運送人の責任に

ついては、次のような物品運送人に適用される減免規定が適用されることとなる。

①　損害賠償額の定額化（同法第576条）

②　高価品の特則（同法第577条）

③　運送品の異議なき受取による運送人の責任の消滅（同法第584条）

④　運送人の責任の1年の除斥期間（同法第585条）

⑤　運送人の不法行為責任の減免（同法第587条）

2　受託手荷物についての旅客運送人の被用者の責任

旅客運送人の被用者は、受託手荷物について、物品運送人の被用者と同一の責任を負うこととなる結果、上記の責任減免規定が適用される（商法第592条第2項、第588条）。

関連規定

商法第592条第1項、第2項

Q41　携帯手荷物についての責任

　旅客運送中に旅客が自分で保管していた手荷物（携帯手荷物）が滅失しました。旅客運送人に対して損害賠償請求することができますか。

A

　旅客運送中に旅客が自分で保管していた手荷物（携帯手荷物）が滅失又は損傷した場合には、旅客は、運送人の故意又は過失を立証した場合に限り、運送人に対し、その携帯手荷物の滅失・損傷により発生した損害の賠償請求ができます。

▌解　説

1　携帯手荷物についての旅客運送人の責任

　旅客運送人は、旅客から引渡しを受けていない手荷物（身の回り品を含む。以下「携帯手荷物」という。）の滅失又は損傷については、旅客運送人に故意又は過失がある場合を除き、損害賠償の責任を負わない（商法第593条第1項）。この規定によって、携帯手荷物の損害については、旅客側が運送人の故意・過失の立証責任を負うこととなる。この趣旨は、携帯手荷物が運送人の保管の下になく、運送人の責任を軽くすべき点にあるとされる。

　また、上記のとおり、ここでいう携帯手荷物については、旅客

の衣服、身に着けている装飾品等の身の回り品も含まれる。

2　物品運送人の責任の減免規定の準用

　　受託手荷物については、旅客運送人又はその被用者は、物品運送人又はその被用者と同一の責任を負い、物品運送人の責任の減免規定（損害賠償額の定額化、高価品の特則、運送品の受取による責任の消滅、1年の除斥期間、不法行為責任への準用）と同様の責任の減免の効果が及ぶ（商法第592条第1項、第2項）。

　　携帯手荷物については、性質上適当でない一部の規律を除き[1]、受託手荷物と同様に、物品運送人又はその被用者の責任の減免規定を準用される（同法第593条第2項）。

　　具体的に携帯手荷物に準用される物品運送人又はその被用者の責任の減免規定は、次のとおりである。

---

1) 携帯手荷物については、高価品の種類及び価額を通知する機会が一般に予定されないため、高価品の特則（商法第577条）は準用されない。

　そのほか、その性質上携帯手荷物に準用しないこととした物品運送人の責任の減免規定及びその理由は、次のとおりである。

① 商法第576条第2項

　同項は、損害賠償額の定額化に関する規律（同条第1項）の適用に際し、運送品の滅失等のために支払うことを要しなくなった運送賃等の費用を控除することを定めているが、携帯手荷物については、流通する商品等と異なり、一般的にその市場価格の中に運送賃等の費用が含まれないため、これを準用しないこととした。

② 商法第584条第2項

　同項は、運送品の引渡しの当時、運送人が損傷等があることを知っていたときは、その責任は消滅しないことを定めているが、携帯手荷物については運送品の引渡しが予定されていないため、これを準用しないこととした。

③ 商法第584条第3項及び第585条第3項

　これらの規定は、運送人が更に第三者（下請運送人）に運送を委託した場合の下請運送人の責任の消滅時期を定めているが、旅客運送においては、下請運送契約が利用されることは一般的でないため、これらの規定を準用しないこととした。

① 損害賠償額の定額化（同法第576条）[2]

② 運送品の異議なき受取による運送人の責任の消滅（同法第584条）[3]

③ 運送人の責任の1年の除斥期間（同法第585条[4]）

④ 運送人の不法行為責任の減免（同法第587条）

⑤ 運送人の被用者の不法行為責任の減免（同法第588条）

関連規定

商法第593条

2）旅客運送が終了すべき地及び時における携帯手荷物の市場価格等が基準となる。

3）携帯手荷物に直ちに発見することができる損傷又は一部滅失があった場合においては「旅客が運送の終了の時」が、また、携帯手荷物に直ちに発見することができない損傷又は一部滅失があった場合においては「旅客が運送の終了の日」から2週間が、それぞれ異議の有無の基準時となる。

4）旅客運送の終了の日が起算点となる。

Q42　携帯手荷物が高価品の場合

　旅客運送中に、身に着けていた高級腕時計が壊れました。旅客運送人に対して損害賠償請求することができますか。

A

　旅客運送人が高価品である携帯手荷物を滅失し又は損傷した場合において、旅客側が運送人の故意又は過失を主張立証したときは、運送人は、その運送が終了すべき地及び時における当該高価品の市場価格によって定まる損害賠償責任を負うこととなります。

▌解　説

　旅客運送人が高価品である携帯手荷物を滅失し又は損傷した場合において、旅客側が運送人の故意又は過失を主張立証したときは、運送人は、その運送が終了すべき地及び時における当該高価品の市場価格によって定まる損害賠償責任を負うこととなる（商法第593条第1項、第2項、第576条第1項）。

　これは、携帯手荷物については、高価品の種類及び価額を旅客から運送人に通知する機会が一般に予定されないため、高価品についての通知がないときは運送人が免責される旨の規定（同法第577条）が準用されていないためである。

　ただし、実務における旅客運送約款には、旅客の手荷物について

運送人の責任の限度額を定めるものもある。例えば、国際海上運送
では、1旅客当たり15万円とする例がある。国内航空運送では、
1旅客当たり15万円（これを超える価額を申告し、その超過額につい
て1万円ごとに10円を支払う場合には、申告価額）とする例がある。

関連規定

商法第593条第1項、第2項

Q43　運送賃の消滅時効

旅客運送の運送賃の支払義務は、時効によって消滅しますか。

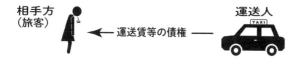

A

運送人の運送賃請求権は、1年の短期消滅時効により消滅します。

▌解　説

　運送人の運送賃請求権その他旅客運送契約に基づく債権は、これを行使することができる時から起算して1年の短期消滅時効により消滅します（商法第594条、第586条）。

【関連規定】

商法第594条、第586条

Column5　**イギリスで弁護士になる方法**

　イギリス（England & Wales）で弁護士になる方法をご存知でしょうか？
「英国弁護士」と言っても、
・Barrister（主に法廷に立つ弁護士）と
・Solicitor（基本的には法廷に立たず、依頼者から相談を受け、訴訟になると Barrister に法廷での代理人を依頼する弁護士）
の2種類に分かれます。
　そして、資格取得に至るシステムもそれぞれ別々です。

①　Barrister
・LLB3年（日本で言う法学部卒業相当）又は GDL1年（非法学部卒者が更に法律の基礎を学ぶところ）
・BPTC（Bar Professional Training Course。トレーニングコース）フルタイム1年又はパートタイム2年
　→これを修了すると資格が貰えますが、まだ卵です。
・Pupillage1年（先輩 Barrister の下で司法修習生をするような感じです。）
　※この Pupillage 先を探すのが大変で、かなり競争率が高いようです。

これらを経て、ようやく新米 Barrister になります。

②　Solicitor
・大学の学位取得（法学部でなくとも可）
・SQE（Solicitors Qualifying Examination）1（択一試験）及び2（口頭及び書面作成の実技試験）の合格
・trainee としての研修経験2年（trainee として法律事務所等で2年間フルタイムの研修をする契約を獲得する必要があります。これが難関で、留学中のクラスメイトはこの出願に必死でした。）

　これらを経て、ようやく Solicitor の資格が貰えます。

　なお、私が英国留学をしていた 2018 年〜2019 年のときは、SQE という試験制度はなく、これに代えて LPC というスクールでの座学が必要でした。

※外国の弁護士が英国 Solicitor になるための方法

　外国の弁護士が英国 Solicitor になるためには、原則として、上記②のうち上 2 つ（大学の学位取得、並びに、SQE1 及び 2 の試験に合格。ただし、2 年以上の弁護士事務経験等があれば、申請により、SQE2 が免除される可能性があるようです（畠山佑介「イングランド・ウェールズ事務弁護士資格の取得に向けて（1）」有斐閣 Online ジャーナル）をクリアする必要があります。ただし、trainee としての研修は不要となります。

　なお、筆者は、SQE の前身である「QLTS（Qualified Lawyers Transfer Scheme）」という試験（試験制度としては、SQE1 及び 2 と同種のようです。）を受験し、奇跡的に合格できました。

資料編

①商法（明治三十二年法律第四十八号）
　　（平成二十九年法律第四十五号による改正後）

第七章　運送取扱営業

（定義等）

第五百五十九条　この章において「運送取扱人」とは、自己の名をもって物品運送の取次ぎをすることを業とする者をいう。

2　運送取扱人については、この章に別段の定めがある場合を除き、第五百五十一条に規定する問屋に関する規定を準用する。

（運送取扱人の責任）

第五百六十条　運送取扱人は、運送品の受取から荷受人への引渡しまでの間にその運送品が滅失し若しくは損傷し、若しくはその滅失若しくは損傷の原因が生じ、又は運送品が延着したときは、これによって生じた損害を賠償する責任を負う。ただし、運送取扱人がその運送品の受取、保管及び引渡し、運送人の選択その他の運送の取次ぎについて注意を怠らなかったことを証明したときは、この限りでない。

（運送取扱人の報酬）

第五百六十一条　運送取扱人は、運送品を運送人に引き渡したときは、直ちにその報酬を請求することができる。

2　運送取扱契約で運送賃の額を定めたときは、運送取扱人は、特約がなければ、別に報酬を請求することができない。

（運送取扱人の留置権）

第五百六十二条　運送取扱人は、運送品に関して受け取るべき報酬、付随の費用及び運送賃その他の立替金についてのみ、その弁済を受けるまで、その運送品を留置することができる。

（介入権）

第五百六十三条　運送取扱人は、自ら運送をすることができる。この場合において、運送取扱人は、運送人と同一の権利義務を有する。

2　運送取扱人が委託者の請求によって船荷証券又は複合運送証券を作成し

たときは、自ら運送をするものとみなす。

　（物品運送に関する規定の準用）

第五百六十四条　第五百七十二条、第五百七十七条、第五百七十九条（第三
　項を除く。）、第五百八十一条、第五百八十五条、第五百八十六条、第
　五百八十七条（第五百七十七条及び第五百八十五条の規定の準用に係る部
　分に限る。）及び第五百八十八条の規定は、運送取扱営業について準用す
　る。この場合において、第五百七十九条第二項中「前の運送人」とあるの
　は「前の運送取扱人又は運送人」と、第五百八十五条第一項中「運送品の
　引渡し」とあるのは「荷受人に対する運送品の引渡し」と読み替えるもの
　とする。

第五百六十五条から第五百六十八条まで　削除

　　　第八章　運送営業

第一節　総則

第五百六十九条　この法律において、次の各号に掲げる用語の意義は、当該
　各号に定めるところによる。

　一　運送人　陸上運送、海上運送又は航空運送の引受けをすることを業と
　　する者をいう。

　二　陸上運送　陸上における物品又は旅客の運送をいう。

　三　海上運送　第六百八十四条に規定する船舶（第七百四十七条に規定す
　　る非航海船を含む。）による物品又は旅客の運送をいう。

　四　航空運送　航空法（昭和二十七年法律第二百三十一号）第二条第一項
　　に規定する航空機による物品又は旅客の運送をいう。

第二節　物品運送

　（物品運送契約）

第五百七十条　物品運送契約は、運送人が荷送人からある物品を受け取りこ
　れを運送して荷受人に引き渡すことを約し、荷送人がその結果に対してそ
　の運送賃を支払うことを約することによって、その効力を生ずる。

　（送り状の交付義務等）

第五百七十一条　荷送人は、運送人の請求により、次に掲げる事項を記載した書面（次項において「送り状」という。）を交付しなければならない。
一　運送品の種類
二　運送品の容積若しくは重量又は包若しくは個品の数及び運送品の記号
三　荷造りの種類
四　荷送人及び荷受人の氏名又は名称
五　発送地及び到達地
2　前項の荷送人は、送り状の交付に代えて、法務省令で定めるところにより、運送人の承諾を得て、送り状に記載すべき事項を電磁的方法（電子情報処理組織を使用する方法その他の情報通信の技術を利用する方法であって法務省令で定めるものをいう。以下同じ。）により提供することができる。この場合において、当該荷送人は、送り状を交付したものとみなす。
　　（危険物に関する通知義務）
第五百七十二条　荷送人は、運送品が引火性、爆発性その他の危険性を有するものであるときは、その引渡しの前に、運送人に対し、その旨及び当該運送品の品名、性質その他の当該運送品の安全な運送に必要な情報を通知しなければならない。
　　（運送賃）
第五百七十三条　運送賃は、到達地における運送品の引渡しと同時に、支払わなければならない。
2　運送品がその性質又は瑕疵によって滅失し、又は損傷したときは、荷送人は、運送賃の支払を拒むことができない。
　　（運送人の留置権）
第五百七十四条　運送人は、運送品に関して受け取るべき運送賃、付随の費用及び立替金（以下この節において「運送賃等」という。）についてのみ、その弁済を受けるまで、その運送品を留置することができる。
　　（運送人の責任）
第五百七十五条　運送人は、運送品の受取から引渡しまでの間にその運送品が滅失し若しくは損傷し、若しくはその滅失若しくは損傷の原因が生じ、又は運送品が延着したときは、これによって生じた損害を賠償する責任を負う。ただし、運送人がその運送品の受取、運送、保管及び引渡しについて注意を怠らなかったことを証明したときは、この限りでない。
　　（損害賠償の額）

第五百七十六条　運送品の滅失又は損傷の場合における損害賠償の額は、その引渡しがされるべき地及び時における運送品の市場価格（取引所の相場がある物品については、その相場）によって定める。ただし、市場価格がないときは、その地及び時における同種類で同一の品質の物品の正常な価格によって定める。

2　運送品の滅失又は損傷のために支払うことを要しなくなった運送賃その他の費用は、前項の損害賠償の額から控除する。

3　前二項の規定は、運送人の故意又は重大な過失によって運送品の滅失又は損傷が生じたときは、適用しない。

　（高価品の特則）

第五百七十七条　貨幣、有価証券その他の高価品については、荷送人が運送を委託するに当たりその種類及び価額を通知した場合を除き、運送人は、その滅失、損傷又は延着について損害賠償の責任を負わない。

2　前項の規定は、次に掲げる場合には、適用しない。

　一　物品運送契約の締結の当時、運送品が高価品であることを運送人が知っていたとき。

　二　運送人の故意又は重大な過失によって高価品の滅失、損傷又は延着が生じたとき。

　（複合運送人の責任）

第五百七十八条　陸上運送、海上運送又は航空運送のうち二以上の運送を一の契約で引き受けた場合における運送品の滅失等（運送品の滅失、損傷又は延着をいう。以下この節において同じ。）についての運送人の損害賠償の責任は、それぞれの運送においてその運送品の滅失等の原因が生じた場合に当該運送ごとに適用されることとなる我が国の法令又は我が国が締結した条約の規定に従う。

2　前項の規定は、陸上運送であってその区間ごとに異なる二以上の法令が適用されるものを一の契約で引き受けた場合について準用する。

　（相次運送人の権利義務）

第五百七十九条　数人の運送人が相次いで陸上運送をするときは、後の運送人は、前の運送人に代わってその権利を行使する義務を負う。

2　前項の場合において、後の運送人が前の運送人に弁済をしたときは、後の運送人は、前の運送人の権利を取得する。

3　ある運送人が引き受けた陸上運送についてその荷送人のために他の運送

人が相次いで当該陸上運送の一部を引き受けたときは、各運送人は、運送
品の滅失等につき連帯して損害賠償の責任を負う。

4　前三項の規定は、海上運送及び航空運送について準用する。

　　（荷送人による運送の中止等の請求）

第五百八十条　荷送人は、運送人に対し、運送の中止、荷受人の変更その他
の処分を請求することができる。この場合において、運送人は、既にした
運送の割合に応じた運送賃、付随の費用、立替金及びその処分によって生
じた費用の弁済を請求することができる。

　　（荷受人の権利義務等）

第五百八十一条　荷受人は、運送品が到達地に到着し、又は運送品の全部が
滅失したときは、物品運送契約によって生じた荷送人の権利と同一の権利
を取得する。

2　前項の場合において、荷受人が運送品の引渡し又はその損害賠償の請求
をしたときは、荷送人は、その権利を行使することができない。

3　荷受人は、運送品を受け取ったときは、運送人に対し、運送賃等を支払
う義務を負う。

　　（運送品の供託及び競売）

第五百八十二条　運送人は、荷受人を確知することができないときは、運送
品を供託することができる。

2　前項に規定する場合において、運送人が荷送人に対し相当の期間を定め
て運送品の処分につき指図をすべき旨を催告したにもかかわらず、荷送人
がその指図をしないときは、運送人は、その運送品を競売に付することが
できる。

3　損傷その他の事由による価格の低落のおそれがある運送品は、前項の催
告をしないで競売に付することができる。

4　前二項の規定により運送品を競売に付したときは、運送人は、その代価
を供託しなければならない。ただし、その代価の全部又は一部を運送賃等
に充当することを妨げない。

5　運送人は、第一項から第三項までの規定により運送品を供託し、又は競
売に付したときは、遅滞なく、荷送人に対してその旨の通知を発しなけれ
ばならない。

第五百八十三条　前条の規定は、荷受人が運送品の受取を拒み、又はこれを
受け取ることができない場合について準用する。この場合において、同条

第二項中「運送人が」とあるのは「運送人が、荷受人に対し相当の期間を
定めて運送品の受取を催告し、かつ、その期間の経過後に」と、同条第五
項中「荷送人」とあるのは「荷送人及び荷受人」と読み替えるものとする。
　（運送人の責任の消滅）
第五百八十四条　運送品の損傷又は一部滅失についての運送人の責任は、荷
　受人が異議をとどめないで運送品を受け取ったときは、消滅する。ただし、
　運送品に直ちに発見することができない損傷又は一部滅失があった場合に
　おいて、荷受人が引渡しの日から二週間以内に運送人に対してその旨の通
　知を発したときは、この限りでない。
2　前項の規定は、運送品の引渡しの当時、運送人がその運送品に損傷又は
　一部滅失があることを知っていたときは、適用しない。
3　運送人が更に第三者に対して運送を委託した場合において、荷受人が第
　一項ただし書の期間内に運送人に対して同項ただし書の通知を発したとき
　は、運送人に対する第三者の責任に係る同項ただし書の期間は、運送人が
　当該通知を受けた日から二週間を経過する日まで延長されたものとみなす。
第五百八十五条　運送品の滅失等についての運送人の責任は、運送品の引渡
　しがされた日（運送品の全部滅失の場合にあっては、その引渡しがされる
　べき日）から一年以内に裁判上の請求がされないときは、消滅する。
2　前項の期間は、運送品の滅失等による損害が発生した後に限り、合意に
　より、延長することができる。
3　運送人が更に第三者に対して運送を委託した場合において、運送人が第
　一項の期間内に損害を賠償し又は裁判上の請求をされたときは、運送人に
　対する第三者の責任に係る同項の期間は、運送人が損害を賠償し又は裁判
　上の請求をされた日から三箇月を経過する日まで延長されたものとみなす。
　（運送人の債権の消滅時効）
第五百八十六条　運送人の荷送人又は荷受人に対する債権は、これを行使す
　ることができる時から一年間行使しないときは、時効によって消滅する。
　（運送人の不法行為責任）
第五百八十七条　第五百七十六条、第五百七十七条、第五百八十四条及び第
　五百八十五条の規定は、運送品の滅失等についての運送人の荷送人又は荷
　受人に対する不法行為による損害賠償の責任について準用する。ただし、
　荷受人があらかじめ荷送人の委託による運送を拒んでいたにもかかわらず
　荷送人から運送を引き受けた運送人の荷受人に対する責任については、こ

の限りでない。

（運送人の被用者の不法行為責任）

第五百八十八条　前条の規定により運送品の滅失等についての運送人の損害賠償の責任が免除され、又は軽減される場合には、その責任が免除され、又は軽減される限度において、その運送品の滅失等についての運送人の被用者の荷送人又は荷受人に対する不法行為による損害賠償の責任も、免除され、又は軽減される。

2　前項の規定は、運送人の被用者の故意又は重大な過失によって運送品の滅失等が生じたときは、適用しない。

第三節　旅客運送

（旅客運送契約）

第五百八十九条　旅客運送契約は、運送人が旅客を運送することを約し、相手方がその結果に対してその運送賃を支払うことを約することによって、その効力を生ずる。

（運送人の責任）

第五百九十条　運送人は、旅客が運送のために受けた損害を賠償する責任を負う。ただし、運送人が運送に関し注意を怠らなかったことを証明したときは、この限りでない。

（特約禁止）

第五百九十一条　旅客の生命又は身体の侵害による運送人の損害賠償の責任（運送の遅延を主たる原因とするものを除く。）を免除し、又は軽減する特約は、無効とする。

2　前項の規定は、次に掲げる場合には、適用しない。

一　大規模な火災、震災その他の災害が発生し、又は発生するおそれがある場合において運送を行うとき。

二　運送に伴い通常生ずる振動その他の事情により生命又は身体に重大な危険が及ぶおそれがある者の運送を行うとき。

（引渡しを受けた手荷物に関する運送人の責任等）

第五百九十二条　運送人は、旅客から引渡しを受けた手荷物については、運送賃を請求しないときであっても、物品運送契約における運送人と同一の責任を負う。

2　運送人の被用者は、前項に規定する手荷物について、物品運送契約における運送人の被用者と同一の責任を負う。

3　第一項に規定する手荷物が到達地に到着した日から一週間以内に旅客がその引渡しを請求しないときは、運送人は、その手荷物を供託し、又は相当の期間を定めて催告をした後に競売に付することができる。この場合において、運送人がその手荷物を供託し、又は競売に付したときは、遅滞なく、旅客に対してその旨の通知を発しなければならない。

4　損傷その他の事由による価格の低落のおそれがある手荷物は、前項の催告をしないで競売に付することができる。

5　前二項の規定により手荷物を競売に付したときは、運送人は、その代価を供託しなければならない。ただし、その代価の全部又は一部を運送賃に充当することを妨げない。

6　旅客の住所又は居所が知れないときは、第三項の催告及び通知は、することを要しない。

　　（引渡しを受けていない手荷物に関する運送人の責任等）

第五百九十三条　運送人は、旅客から引渡しを受けていない手荷物（身の回り品を含む。）の滅失又は損傷については、故意又は過失がある場合を除き、損害賠償の責任を負わない。

2　第五百七十六条第一項及び第三項、第五百八十四条第一項、第五百八十五条第一項及び第二項、第五百八十七条（第五百七十六条第一項及び第三項、第五百八十四条第一項並びに第五百八十五条第一項及び第二項の規定の準用に係る部分に限る。）並びに第五百八十八条の規定は、運送人が前項に規定する手荷物の滅失又は損傷に係る損害賠償の責任を負う場合について準用する。この場合において、第五百七十六条第一項中「その引渡しがされるべき」とあるのは「その運送が終了すべき」と、第五百八十四条第一項中「荷受人が異議をとどめないで運送品を受け取った」とあるのは「旅客が運送の終了の時までに異議をとどめなかった」と、「荷受人が引渡しの日」とあるのは「旅客が運送の終了の日」と、第五百八十五条第一項中「運送品の引渡しがされた日（運送品の全部滅失の場合にあっては、その引渡しがされるべき日）」とあるのは「運送の終了の日」と読み替えるものとする。

　　（運送人の債権の消滅時効）

第五百九十四条　第五百八十六条の規定は、旅客運送について準用する。

②標準貨物自動車運送約款（平成二年運輸省告示第五百七十五号）
　　　　　　　　最終改正　平成三十一年国土交通省告示第三百二十一号

目次

　　　第一章　総則

　（事業の種類）
第一条　当店は、一般貨物自動車運送事業を行います。
2　当店は、前項の事業に附帯する事業を行います。
3　当店は、特別積合せ貨物運送を行います。
4　当店は、貨物自動車利用運送を行います。

　（適用範囲）
第二条　当店の経営する一般貨物自動車運送事業に関する運送契約は、この
　運送約款の定めるところにより、この運送約款に定めのない事項について
　は、法令又は一般の慣習によります。
2　当店は、前項の規定にかかわらず、法令に反しない範囲で、特約の申込

みに応じることがあります。

　　第二章　運送業務等
　　第一節　通則

（受付日時）
第三条　当店は、受付日時を定め、店頭に掲示します。
2　前項の受付日時を変更する場合には、あらかじめ店頭に掲示します。

（運送の順序）
第四条　当店は、運送の申込みを受けた順序により、貨物の運送を行います。
　ただし、腐敗又は変質しやすい貨物を運送する場合その他正当な事由があ
　る場合は、この限りでありません。

（引渡期間）
第五条　当店の貨物の引渡期間は、次の日数を合算した期間とします。
　一　発送期間　貨物を受け取った日を含め二日
　二　輸送期間　運賃及び料金の計算の基礎となる輸送距離百七十キロメー
　　トルにつき一日。ただし、一日未満の端数は一日とします。
　三　集配期間　集貨及び配達をする場合にあっては各一日
2　前項の規定による引渡期間の満了後、貨物の引渡しがあったときは、こ
　れをもって延着とします。

　　　第二節　引受け

（貨物の種類及び性質の確認）
第六条　当店は、貨物の運送の申込みがあったときは、その貨物の種類及び
　性質を通知することを申込者に求めることがあります。
2　当店は、前項の場合において、貨物の種類及び性質につき申込者が通知
　したことに疑いがあるときは、申込者の同意を得て、その立会いの上で、
　これを点検することがあります。
3　当店は、前項の規定により点検をした場合において、貨物の種類及び性
　質が申込者の通知したところと異ならないときは、これにより生じた損害

の賠償をします。

4　当店が、第二項の規定により点検をした場合において、貨物の種類及び性質が申込者の通知したところと異なるときは、申込者に点検に要した費用を負担していただきます。

　（引受拒絶）

第七条　当店は、次の各号の一に該当する場合には、運送の引受けを拒絶することがあります。

一　当該運送の申込みが、この運送約款によらないものであるとき。

二　申込者が、前条第一項の規定による通知をせず、又は同条第二項の規定による点検の同意を与えないとき。

三　当該運送に適する設備がないとき。

四　当該運送に関し、申込者から特別の負担を求められたとき。

五　当該運送が、法令の規定又は公の秩序若しくは善良の風俗に反するものであるとき。

六　天災その他やむを得ない事由があるとき。

　（送り状等）

第八条　荷送人は、次の事項を記載した送り状を、一口ごとに交付しなければなりません。ただし、個人（事業として又は事業のために運送契約の当事者となる場合におけるものを除く。第三十条第二項において同じ。）が荷送人である場合であって、当店がその必要がないと認めたときは、この限りではありません。

一　貨物の品名、品質及び重量又は容積並びにその荷造りの種類及び個数

二　集貨先及び配達先又は発送地及び到達地（団地、アパートその他高層建築物にあっては、その名称及び電話番号を含む。）

三　運送の扱種別

四　運賃、料金（第三十二条に規定する積込料及び取卸料、第三十三条に規定する待機時間料、第六十条第一項に規定する附帯業務料等をいう。）、燃料サーチャージ、有料道路利用料、立替金その他の費用（以下「運賃、料金等」という。）の額その他その支払に関する事項

五　荷送人及び荷受人の氏名又は商号並びに住所及び電話番号

六　高価品については、貨物の種類及び価額

七　貨物の積込み又は取卸しを委託するときは、その旨

八　第六十条第一項に規定する附帯業務を委託するときは、その旨

九　運送保険に付することを委託するときは、その旨

十　その他その貨物の運送に関し必要な事項

2　荷送人は、送り状の交付に代えて、運送人の承諾を得て、送り状に記載すべき事項を電磁的方法により提供することができます。この場合においては、荷送人は、送り状を交付したものとみなします。

3　荷送人は、当店が第一項の送り状の交付の必要がないと認めたときは、当店に第一項各号に掲げる事項を通知しなければなりません。

（高価品及び貴重品）

第九条　この運送約款において高価品とは、次に掲げるものをいいます。

一　貨幣、紙幣、銀行券、印紙、郵便切手及び公債証書、株券、債券、商品券その他の有価証券並びに金、銀、白金その他の貴金属、イリジウム、タングステンその他の稀金属、金剛石、紅玉、緑柱石、琥珀、真珠その他の宝玉石、象牙、べっ甲、珊瑚及び各その製品

二　美術品及び骨董品

三　容器及び荷造りを加え一キログラム当たりの価格が二万円を超える貨物（動物を除く。）

2　前項第三号の一キログラム当たりの価格の計算は、一荷造りごとに、これをします。

3　この運送約款において貴重品とは、第一項第一号及び第二号に掲げるものをいいます。

（運送の扱種別等不明な場合）

第十条　当店は、荷送人が運送の申込みをするに当たり、運送の扱種別その他その貨物の運送に関し必要な事項を明示しなかった場合は、荷送人にとって最も有利と認められるところにより、当該貨物の運送をします。

（荷造り）

第十一条　荷送人は、貨物の性質、重量、容積、運送距離及び運送の扱種別等に応じて、運送に適するように荷造りをしなければなりません。

2　当店は、貨物の荷造りが十分でないときは、必要な荷造りを要求します。

3　当店は、荷造りが十分でない貨物であっても、他の貨物に対し損害を与えないと認め、かつ、荷送人が書面により荷造りの不備による損害を負担することを承諾したときは、その運送を引き受けることがあります。

（外装表示）
第十二条　荷送人は、貨物の外装に次の事項を見やすいように表示しなければなりません。ただし、当店が必要がないと認めた事項については、この限りでありません。
　一　荷送人及び荷受人の氏名又は商号及び住所
　二　品名
　三　個数
　四　その他運送の取扱いに必要な事項
2　荷送人は、当店が認めたときは、前項各号に掲げる事項を記載した荷札をもって前項の外装表示に代えることができます。

（動物等の運送）
第十三条　当店は、動物その他特殊な管理を要する貨物の運送を引き受けたときは、荷送人又は荷受人に対して次に掲げることを請求することがあります。
　一　当店において、集貨、持込み又は受取の日時を指定すること。
　二　当該貨物の運送につき、付添人を付すること。

（危険品についての特則）
第十四条　荷送人は、爆発、発火その他運送上の危険を生ずるおそれのある貨物については、その旨を当該貨物の外部の見やすい箇所に明記するとともに、あらかじめ、その旨及び当該貨物の品名、性質その他の当該貨物の安全な運送に必要な情報を当店に通知しなければなりません。

（連絡運輸又は利用運送）
第十五条　当店は、荷送人の利益を害しない限り、引き受けた貨物を他の運送機関と連絡して、又は他の貨物自動車運送事業者の行う運送若しくは他の運送機関を利用して運送することがあります。

第三節　積付け、積込み又は取卸し

（積付け、積込み又は取卸し）
第十六条　貨物の積付けは、当店の責任においてこれを行います。
2　当店は、貨物の積込み又は取卸しを引き受けた場合には、当店の責任においてこれを行います。
3　シート、ロープ、建木、台木、充てん物その他の積付用品は、通常貨物自動車運送事業者が備えているものを除き、荷送人又は荷受人の負担とします。

第四節　貨物の受取及び引渡し

（受取及び引渡しの場所）
第十七条　当店は、送り状に記載され、又は通知された集貨先又は発送地において荷送人又は荷送人の指定する者から貨物を受取り、送り状に記載され、又は通知された配達先又は到達地において荷受人又は荷受人の指定する者に貨物を引き渡します。

（管理者等に対する引渡し）
第十八条　当店は、次の各号に掲げる場合には、当該各号に掲げる者に対する貨物の引渡しをもって荷受人に対する引渡しとみなします。
　一　荷受人が引渡先に不在の場合には、その引渡先における同居者、従業員又はこれに準ずる者
　二　船舶、寄宿舎、旅館等が引渡先の場合には、その管理者又はこれに準ずる者

（留置権の行使）
第十九条　当店は、貨物に関し受け取るべき運賃、料金等又は品代金等の支払を受けなければ、当該貨物の引渡しをしません。
2　商人である荷送人が、その営業のために当店と締結した運送契約について、運賃、料金等を所定期日までに支払わなかったときは、当店は、その支払を受けなければ、当該荷送人との運送契約によって当店が占有する荷送人所有の貨物の引渡しをしないことがあります。

　（指図の催告）

第二十条　当店は、荷受人を確知することができない場合は、遅滞なく、荷送人に対し、相当の期間を定め貨物の処分につき指図すべきことを催告することがあります。

2　当店は、荷受人が、貨物の受取を拒み、又はその他の理由によりこれを受け取ることができない場合には、遅滞なく、荷受人に対し、相当の期間を定め、その貨物の受取を催告し、その期間経過の後、さらに、荷送人に対し、前項に規定する指図と同じ内容の催告をすることがあります。

　（引渡不能の貨物の寄託）

第二十一条　当店は、荷受人を確知することができない場合又は前条第二項の場合には、荷受人の費用をもって、その貨物を倉庫営業者に寄託することがあります。

2　当店は、前項の規定により貨物の寄託をしたときは、遅滞なく、その旨を荷送人又は荷受人に対して通知します。

3　当店は、第一項の規定により貨物の寄託をした場合において、倉荷証券を作らせたときは、その証券の交付をもって貨物の引渡しに代えることがあります。

4　当店は、第一項の規定により寄託をした貨物の引渡しの請求があった場合において、当該貨物について倉荷証券を作らせたときは、運賃、料金等及び寄託に要した費用の弁済を受けるまで、当該倉荷証券を留置することがあります。

　（引渡不能の貨物の供託）

第二十二条　当店は、荷受人を確知することができない場合又は第二十条第二項の場合には、その貨物を供託することがあります。

2　当店は、前項の規定により貨物の供託をしたときは、遅滞なく、その旨を荷送人又は荷受人に対して通知します。

　（引渡不能の貨物の競売）

第二十三条　当店は、第二十条の規定により荷送人に対して指図すべきことを求めた場合において、荷送人が指図をしないときは、その貨物を競売す

ることがあります。

2　前項の規定にかかわらず、損傷その他の事由による価格の低落のおそれがある貨物は、第二十条の催告をしないで競売することがあります。

3　当店は、前二項の規定により貨物の競売をしたときは、遅滞なく、その旨を荷送人又は荷受人に対して通知します。

4　当店は、第一項又は第二項の規定により貨物の競売をしたときは、その代価の全部又は一部を運賃、料金等並びに指図の請求及び競売に要した費用に充当し、不足があるときは、荷送人にその支払を請求し、余剰があるときは、これを荷送人に交付し、又は供託します。

　（引渡不能の貨物の任意売却）

第二十四条　当店は、荷受人を確知することができない場合又は第二十条第二項の場合において、その貨物が腐敗又は変質しやすいものであって、第二十条の手続をとるいとまがないときは、その手続によらず、公正な第三者を立ち会わせて、これを売却することがあります。

2　前項の規定による売却には、前条第三項及び第四項の規定を準用します。

　　　第五節　指図

　（貨物の処分権）

第二十五条　荷送人は、当店に対し、貨物の運送の中止、返送、転送その他の処分につき指図をすることができます。

2　前項に規定する荷送人の権利は、貨物が到達地に到着した場合において、荷受人が貨物の引渡し又はその損害賠償の請求をしたときは、行使することができません。

3　第一項の指図をする場合において、当店が要求したときは、指図書を提出しなければなりません。

　（指図に応じない場合）

第二十六条　当店は、運送上の支障が生ずるおそれがあると認める場合には、前条第一項の規定による指図に応じないことがあります。

2　前項の規定により、指図に応じないときは、遅滞なく、その旨を荷送人に通知します。

　　第六節　事故

（事故の際の措置）
第二十七条　当店は、次の場合には、遅滞なく、荷送人に対し、相当の期間
　を定め、その貨物の処分につき指図を求めます。
　一　貨物の著しい滅失、損傷その他の損害を発見したとき。
　二　当初の運送経路又は運送方法によることができなくなったとき。
　三　相当の期間、当該運送を中断せざるを得ないとき。
2　当店は、前項各号の場合において、指図を待ついとまがないとき又は当
　店の定めた期間内に前項の指図がないときは、荷送人の利益のために、当
　店の裁量によって、当該貨物の運送の中止若しくは返送又は運送経路若し
　くは運送方法の変更その他の適切な処分をすることがあります。
3　第一項の規定による指図には、前条の規定を準用します。

（危険品等の処分）
第二十八条　当店は、第十四条の規定による通知及び明記をしなかった爆発、
　発火その他運送上の危険を生ずるおそれのある貨物について、必要に応じ、
　いつでもその取卸し、破棄その他運送上の危険を除去するための処分をす
　ることができます。同条の規定による通知及び明記をした場合において、
　当該貨物が他に損害を及ぼすおそれを生じたときも同様とします。
2　前項前段の処分に要した費用は、すべて荷送人の負担とします。
3　当店は、第一項の規定による処分をしたときは、遅滞なくその旨を荷送
　人に通知します。

（事故証明書の発行）
第二十九条　当店は、貨物の全部滅失に関し証明の請求があったときは、そ
　の貨物の引渡期間の満了の日から一月以内に限り、事故証明書を発行しま
　す。
2　当店は、貨物の一部滅失、損傷又は延着に関し、その数量、状態又は引
　渡しの日時につき証明の請求があったときは、当該貨物の引渡しの日に限
　り、事故証明書を発行します。ただし、特別の事情がある場合は、当該貨
　物の引渡しの日以降においても、発行することがあります。

第七節　運賃及び料金

（運賃及び料金）
第三十条　運賃及び料金並びにその適用方法は、当店が別に定める運賃料金
　表によります。
2　個人を対象とした運賃及び料金並びにその適用方法は、営業所その他の
　事業所の店頭に掲示します。

（運賃、料金等の収受方法）
第三十一条　当店は、貨物を受け取るときまでに、荷送人から運賃、料金等
　を収受します。
2　前項の場合において、運賃、料金等の額が確定しないときは、その概算
　額の前渡しを受け、運賃、料金等の確定後荷送人に対し、その過不足を払
　い戻し、又は追徴します。
3　当店は、第一項の規定にかかわらず、貨物を引き渡すときまでに、運賃、
　料金等を荷受人から収受することを認めることがあります。

（積込料又は取卸料）
第三十二条　当店は、貨物の積込み又は取卸しを引き受けた場合には、当店
　が別に定める料金又は実際に要した費用を収受します。

（待機時間料）
第三十三条当店は、車両が貨物の発地又は着地に到着後、荷送人又は荷受人
　の責により待機した時間（荷送人又は荷受人が貨物の積込み若しくは取卸
　し又は第六十条第一項に規定する附帯業務を行う場合における待機した時
　間を含む。）に応じて、当店が別に定める料金を収受します。

（延滞料）
第三十四条　当店は、貨物を引き渡したときまでに、荷送人又は荷受人が運
　賃、料金等を支払わなかったときは、貨物を引き渡した日の翌日から運賃、
　料金等の支払を受けた日までの期間に対し、年利十四・五パーセントの割
　合で、延滞料の支払を請求することがあります。

（運賃請求権）

第三十五条　当店は、貨物の全部又は一部が天災その他やむを得ない事由により滅失し、若しくは相当程度の損傷を生じたとき又は当店が責任を負う事由により滅失したときは、当該滅失し、又は損傷を生じた貨物に係る運賃、料金等を請求しません。この場合において、当店は既に運賃、料金等の全部又は一部を収受しているときは、これを払い戻します。

2　当店は、貨物の全部又は一部がその性質若しくは欠陥又は荷送人の責任による事由によって滅失したときは、運賃、料金等の全額を収受します。

（事故等と運賃、料金）

第三十六条　当店は、第二十五条及び第二十七条の規定により処分をしたときは、その処分に応じて、又は既に行った運送の割合に応じて、運賃、料金等を収受します。ただし、既にその貨物について運賃、料金等の全部又は一部を収受している場合には、不足があるときには、荷送人又は荷受人にその支払を請求し、余剰があるときは、これを荷送人又は荷受人に払い戻します。

（中止手数料）

第三十七条　当店は、運送の中止の指図に応じた場合には、荷送人が責任を負わない事由によるときを除いて、中止手数料を請求することがあります。ただし、荷送人が、貨物の積込みの行われるべきであった日の前日までに運送の中止をしたときは、この限りではありません。

2　前項の中止手数料は、次の各号のとおりとします。

一　積合せ貨物の運送にあっては、一運送契約につき五百円

二　貸切り貨物の運送にあっては、使用予定車両が普通車である場合は一両につき三千五百円、小型車である場合は一両につき二千五百円

　　　第八節　責任

（責任の始期）

第三十八条　当店の貨物の滅失、損傷についての責任は、貨物を荷送人から受け取った時に始まります。

（責任と挙証）

第三十九条　当店は、貨物の受取から引渡しまでの間にその貨物が滅失し若しくは損傷し、若しくはその滅失若しくは損傷の原因が生じ、又は貨物が延着したときは、これによって生じた損害を賠償する責任を負います。ただし、当店が、自己又は使用人その他運送のために使用した者がその貨物の受取、運送、保管及び引渡しについて注意を怠らなかったことを証明したときは、この限りではありません。

（コンテナ貨物の責任）

第四十条　前条の規定にかかわらず、コンテナに詰められた貨物であって当該貨物の積卸しの方法等が次に掲げる場合に該当するものの滅失又は損傷について、当店に対し損害賠償の請求をしようとする者は、その損害が当店又はその使用人その他運送のために使用した者の故意又は過失によるものであることを証明しなければなりません。

一　荷送人が貨物を詰めたものであること。

二　コンテナの封印に異常がない状態で到着していること。

（特殊な管理を要する貨物の運送の責任）

第四十一条　当店は、動物その他特殊な管理を要する貨物の運送について、第十三条第二号の規定に基づき付添人が付された場合には、当該貨物の特殊な管理について責任を負いません。

（荷送人の申告等の責任）

第四十二条　当店は、貨物の内容を容易に知ることができないものについて、送り状の記載又は荷送人の申告により運送受託書、貨物発送通知書等に品名、品質、重量、容積又は価額を記載したときは、その記載について責任を負いません。

（送り状等の記載の不完全等の責任）

第四十三条　当店は、送り状若しくは外装表示等の記載又は荷送人の申告が不実又は不備であったために生じた損害については、その責任を負いません。

2　前項の場合において、当店が損害を被ったときは、荷送人はその損害を賠償しなければなりません。

（免責）

第四十四条　当店は、次の事由による貨物の滅失、損傷、延着その他の損害については、損害賠償の責任を負いません。

一　当該貨物の欠陥、自然の消耗、虫害又は鼠害

二　当該貨物の性質による発火、爆発、むれ、かび、腐敗、変色、さびその他これに類似する事由

三　同盟罷業、同盟怠業、社会的騒擾その他の事変又は強盗

四　不可抗力による火災

五　地震、津波、高潮、大水、暴風雨、地すべり、山崩れ等その他の天災

六　法令又は公権力の発動による運送の差止め、開封、没収、差押え又は第三者への引渡し

七　荷送人又は荷受人の故意又は過失

（高価品に対する特則）

第四十五条　高価品については、荷送人が申込みをするに当たり、その種類及び価額を通知しなければ、当店は、その滅失、損傷又は延着について損害賠償の責任を負いません。

2　前項の規定は、次に掲げる場合には、適用しません。

一　運送契約の締結の当時、貨物が高価品であることを当店が知っていたとき。

二　当店の故意又は重大な過失によって高価品の滅失、損傷又は延着が生じたとき。

（責任の特別消滅事由）

第四十六条　当店の貨物の一部滅失又は損傷についての責任は、荷受人が留保しないで貨物を受け取ったときは、消滅します。ただし、貨物に直ちに発見することのできない損傷又は一部滅失があった場合において、貨物の引渡しの日から二週間以内に当店に対してその通知を発したときは、この限りではありません。

2　前項の規定は、貨物の引渡しの当時、当店がその貨物に一部滅失又は損

傷があることを知っていたときは、適用しません。

3　荷送人が第三者から委託を受けた貨物の運送を当店が行う場合において、当該貨物の運送に係る荷受人への貨物の引渡しの日から二週間以内に、荷送人が、貨物に直ちに発見することのできない損害又は一部滅失があった旨の通知を受けたときは、荷送人に対する当店の責任に係る第一項ただし書の期間は、荷送人が当該通知を受けた日から二週間を経過する日まで延長されたものとみなします。

　（損害賠償の額）
第四十七条　貨物に全部滅失があった場合の損害賠償の額は、その引渡しがされるべき地及び時における貨物の価額によって、これを定めます。

2　貨物に一部滅失又は損傷があった場合の損害賠償の額は、その引渡しがされるべき地及び時における、引き渡された貨物の価額と一部滅失又は損傷がなかったときの貨物の価額との差額によってこれを定めます。

3　第三十五条第一項の規定により、貨物の滅失又は損傷のため荷送人又は荷受人が支払うことを要しない運賃、料金等は、前二項の賠償額よりこれを控除します。

4　第一項及び第二項の場合において、貨物の価額又は損害額について争いがあるときは、公平な第三者の鑑定又は評価によりその額を決定します。

5　貨物が延着した場合の損害賠償の額は、運賃、料金等の総額を限度とします。

第四十八条　当店は、前条の規定にかかわらず、当店の悪意又は重大な過失によって貨物の滅失、損傷又は延着を生じたときは、それにより生じた一切の損害を賠償します。

　（除斥期間）
第四十九条　当店の責任は、貨物の引渡しがされた日（貨物の全部滅失の場合にあっては、その引渡しがされるべき日）から一年以内に裁判上の請求がされないときは、消滅します。

2　前項の期間は、貨物の滅失等による損害が発生した後に限り、合意により延長することができます。

3　荷送人が第三者から委託を受けた貨物の運送を当店が行う場合において、

　荷送人が第一項の期間内に損害を賠償し又は裁判上の請求をされたときは、
荷送人に対する当店の責任に係る同項の期間は、荷送人が損害を賠償し又
は裁判上の請求をされた日から三月を経過する日まで延長されたものとみ
なします。

　（利用運送の際の責任）
第五十条　当店が他の貨物自動車運送事業者の行う運送又は他の運送機関を
　利用して運送を行う場合においても、運送上の責任は、この約款により当
　店が負います。

　（賠償に基づく権利取得）
第五十一条　当店が貨物の全部の価額を賠償したときは、当店は、当該貨物
　に関する一切の権利を取得します。

　　　　第九節　連絡運輸

　（通し送り状等）
第五十二条　連絡運輸に係る貨物の運送を当店が引き受け、かつ、最初の運
　送を行う場合（以下この節において「連絡運輸の場合」という。）におい
　て、当店が送り状を請求したときは、荷送人は、全運送についての送り状
　を交付しなければなりません。

　（運賃、料金等の収受）
第五十三条　当店は、連絡運輸の場合には、貨物を受け取るときまでに、全
　運送についての運賃、料金等を収受します。
2　当店は、前項の規定にかかわらず、全運送についての運賃、料金等を、
　最後の運送を行った運送事業者が貨物を引き渡すときまでに、荷受人から
　収受することを認めることがあります。
3　第一項の場合において、運賃、料金等の額が確定しないときは、第
　三十一条第二項の規定を準用します。

　（中間運送人の権利）
第五十四条　連絡運輸の場合には、当店より後の運送事業者は、当店に代

わって、その権利を行使します。

（責任の原則）
第五十五条　当店は、連絡運輸の場合には、貨物の滅失、損傷又は延着について、他の運送事業者と連帯して損害賠償の責任を負います。

（運送約款等の適用）
第五十六条　連絡運輸の場合には、他の運送事業者の行う運送については、その事業者の運送約款又は運送に関する規定の定めるところによります。ただし、貨物の滅失、損傷又は延着による損害が生じた場合であって、かつ、その損害を与えた事業者が明らかでない場合の損害賠償の請求については、この運送約款の定めるところによります。

（引渡期間）
第五十七条　連絡運輸の場合の引渡期間は、各運送事業者ごとに、その運送約款又は運送に関する規定により計算した引渡期間又はそれに相当するものを合算した期間に、一運送機関ごとに一日を加算したものとします。

（損害賠償事務の処理）
第五十八条　連絡運輸の場合には、貨物の滅失、損傷又は延着についての損害賠償は、その請求を受けた運送事業者が損害の程度を調査し、損害賠償の額を決定してその支払いをします。

（損害賠償請求権の留保）
第五十九条　連絡運輸の場合における第四十六条第一項の留保又は通知は、その運送を行った運送事業者のいずれに対しても行うことができます。

　　第三章　附帯業務

（附帯業務及び附帯業務料）
第六十条　当店は、品代金の取立て、荷掛金の立替え、貨物の荷造り、仕分、保管、検収及び検品、横持ち及び縦持ち、棚入れ、ラベル貼り、はい作業その他の貨物自動車運送事業に附帯して一定の時間、技能、機器等を必要

とする業務（以下「附帯業務」という。）を引き受けた場合には、当店が別に定める料金又は実際に要した費用を収受し、当店の責任においてこれを行います。

2 　附帯業務については、別段の定めがある場合を除き、性質の許す限り、第二章の規定を準用します。

（品代金の取立て）

第六十一条　品代金の取立ての追付又は変更は、その貨物の発送前に限り、これに応じます。

2 　当店は、品代金の取立ての委託を受けた貨物を発送した後、荷送人が、当該品代金の取立ての委託を取り消した場合又は荷送人若しくは荷受人が責任を負う事由により当該品代金の取立てが不能となった場合は、当該品代金の取立料の払戻しはしません。

（付保）

第六十二条　運送の申込みに際し、当店の申出により荷送人が承諾したときは、当店は、荷送人の費用によって運送保険の締結を引き受けます。

2 　保険料率その他運送保険に関する事項は、店頭に掲示します。

③標準宅配便運送約款（平成二年運輸省告示第五百七十六号）

　　　　最終改正　平成三十一年国土交通省告示第三百二十一号

目次

　　第一章　総則

　（適用範囲）
第一条　この運送約款は、宅配便運賃が適用される荷物の運送に適用されます。
2　この運送約款に定めのない事項については、法令又は一般の慣習によります。
3　当店は、前二項の規定にかかわらず、法令に反しない範囲で、特約の申込みに応じることがあります。

　　第二章　運送の引受け

　（受付日時）
第二条　当店は、受付日時を定め、営業所その他の事業所の店頭に掲示します。
2　前項の受付日時を変更する場合は、あらかじめ営業所その他の事業所の店頭に掲示します。

　（送り状）

第三条　当店は、荷物の運送を引き受ける時に、次の事項を記載した送り状を荷物一個ごとに発行します。この場合において、第一号から第四号までは荷送人が記載し、第五号から第十四号までは当店が記載するものとします。ただし、第九号は記載しない場合があります。

一　荷送人の氏名又は名称、住所及び電話番号
二　荷受人の氏名又は名称並びに配達先及びその電話番号
三　荷物の品名
四　運送上の特段の注意事項（壊れやすいもの、変質又は腐敗しやすいもの等荷物の性質の区分その他必要な事項を記載するものとします。）
五　宅配便名
六　当店の名称、住所及び電話番号
七　荷物の運送を引き受けた営業所その他事業所の名称
八　荷物受取日
九　荷物引渡予定日（特定の日時に荷受人が使用する荷物の運送を当店が引き受けたときは、その使用目的及び荷物引渡日時を記載します。）
十　重量及び容積の区分
十一　運賃その他運送に関する費用の額
十二　責任限度額
十三　問い合わせ窓口電話番号
十四　その他荷物の運送に関し必要な事項
2　前項の送り状の発行は、電磁的方法により行うことがあります。

（荷物の内容の確認）
第四条　当店は、送り状に記載された荷物の品名又は運送上の特段の注意事項に疑いがあるときは、荷送人の同意を得て、その立会いの上で、これを点検することができます。
2　当店は、前項の規定により点検した場合において、荷物の品名又は運送上の特段の注意事項が荷送人の記載したところと異ならないときは、これによって生じた損害を賠償します。
3　第一項の規定により点検した場合において、荷物の品名又は運送上の特段の注意事項が荷送人の記載したところと異なるときは、点検に要した費用は荷送人の負担とします。

（荷造り）

第五条　荷送人は、荷物の性質、重量、容積等に応じて、運送に適するように荷造りをしなければなりません。

2　当店は、荷物の荷造りが運送に適さないときは、荷送人に対し必要な荷造りを要求し、又は荷送人の負担により必要な荷造りを行います。

（引受拒絶）

第六条　当店は、次の各号の一に該当する場合には、運送の引受けを拒絶することがあります。

一　運送の申込みがこの運送約款によらないものであるとき。

二　荷送人が送り状に必要な事項を記載せず、又は第四条第一項の規定による点検の同意を与えないとき。

三　荷造りが運送に適さないとき。

四　運送に関し荷送人から特別の負担を求められたとき。

五　信書の運送等運送が法令の規定又は公の秩序若しくは善良の風俗に反するものであるとき。

六　荷物が次に掲げるものであるとき。

　ア　火薬類その他の危険品、不潔な物品等他の荷物に損害を及ぼすおそれのあるもの

　イ　その他当店が特に定めて表示したもの

七　天災その他やむを得ない事由があるとき。

（外装表示）

第七条　当店は、荷物を受け取る時に、第三条第一項第一号から第六号まで、第八号、第九号（記載ない場合を除く。）、第十二号及び第十三号に掲げる事項その他必要な事項を記載した書面を荷物の外装に張り付けます。

（危険品についての特則）

第七条の二荷送人は、爆発、発火その他運送上の危険を生ずるおそれのある荷物については、その旨を当該荷物の外部の見やすい箇所に明記するとともに、あらかじめ、その旨及び当該荷物の品名、性質その他の当該荷物の安全な運送に必要な情報を当店に通知しなければなりません。

（運賃等の収受）

第八条　当店は、荷物を受け取る時に、運賃及び料金その他運送に関する費用（以下「運賃等」という。）を収受します。

2　当店は、前項の規定にかかわらず、荷物を引き渡す時に運賃等を荷受人から収受することを認めることがあります。

3　運賃等及びその適用方法については、当店が別に定める運賃料金表によります。

4　運賃等及びその適用方法は、営業所その他の事業所の店頭に掲示します。

（連絡運輸又は利用運送）

第九条　当店は、荷送人の利益を害しないかぎり、引き受けた荷物を他の運送機関と連絡して、又は他の貨物自動車運送事業者の行う運送若しくは他の運送機関を利用して運送することがあります。

　　　第三章　荷物の引渡し

（荷物の引渡しを行う日）

第十条　当店は、次の荷物引渡予定日までに荷物を引き渡します。ただし、交通事情等により、荷物引渡予定日の翌日に引き渡すことがあります。

一　送り状に荷物引渡予定日の記載がある場合　記載の日

二　送り状に荷物引渡予定日の記載がない場合　送り状に記載した荷物受取日から、その荷物の運送距離に基づき、次により算定して得た日数を経過した日（運送を引き受けた場所又は配達先が当店が定めて表示した離島、山間地等にあるときは、荷物受取日から相当の日数を経過した日）

ア　最初の四百キロメートル　二日

イ　最初の四百キロメートルを超える運送距離四百キロメートルまでごと一日

2　前項の規定にかかわらず、当店は送り状に荷物の使用目的及び荷物引渡日時を記載してその運送を引き受けたときは、送り状に記載した荷物引渡日時までに荷物を引き渡します。

（荷受人以外の者に対する引渡し）

第十一条　当店は、次の各号に掲げる者に対する荷物の引渡をもって、荷受人に対する引渡しとみなします。
　一　配達先が住宅の場合　その配達先における同居者又はこれに準ずる者
　二　配達先が前号以外の場合　その管理者又はこれに準ずる者

　（荷受人等が不在の場合の措置）
第十二条　当店は、荷受人又は前条に規定する者が不在のため引渡しを行えない場合は、荷受人に対し、その旨を荷物の引渡しをしようとした日時及び当店の名称、問い合わせ先電話番号その他荷物の引渡しに必要な事項を記載した書面（以下「不在連絡票」という。）によって通知した上で、営業所その他の事業所で荷物を保管します。
２　前項の規定にかかわらず、荷受人の隣人（荷受人が共同住宅に居住する場合はその管理人を含む。）の承諾を得て、その隣人に荷受人への荷物の引渡しを委託することがあります。この場合においては、不在連絡票に当店が荷物の引渡しを委託した隣人の氏名を記載します。

　（引渡しができない場合の措置）
第十三条　当店は、荷受人を確知することができないとき、又は荷受人が荷物の受取を拒んだとき、若しくはその他の理由によりこれを受け取ることができないときは、遅滞なく荷送人に対し、相当の期間を定め荷物の処分につき指図を求めます。
２　前項に規定する指図の請求及びその指図に従って行った処分に要した費用は荷送人の負担とします。

　（引渡しができない荷物の処分）
第十四条　当店は、相当の期間内に前条第一項に規定する指図がないときは、荷送人に対し予告した上で、その指図を求めた日から三月経過した日まで荷物を保管した後、公正な第三者を立ち会わせてその売却その他の処分をすることができます。ただし、荷物が変質又は腐敗しやすいものである場合であって、相当の期間内に指図がないときは、荷送人に対し予告した上で、直ちに荷物の売却その他の処分をすることができます。
２　当店は、前項の規定により処分したときは、遅滞なくその旨を荷送人に対して通知します。

3　当店は、第一項の規定により荷物を処分したときは、その代金を指図の請求並びに荷物の保管及び処分に要した費用に充当し、不足があるときは荷送人にその支払いを請求し、余剰があるときはこれを荷送人に返還します。

　　　第四章　指図

　（指図）
第十五条　荷送人は、当店に対し、荷物の運送の中止、返送、転送その他の処分につき指図をすることができます。
2　前項に規定する荷送人の権利は、荷受人に荷物を引き渡したときは、行使することができません。
3　第一項に規定する指図に従って行う処分に要する費用は、荷送人の負担とします。

　（指図に応じない場合）
第十六条　当店は、運送上の支障が生ずるおそれがあると認める場合には、荷送人の指図に応じないことがあります。
2　当店は、前項の規定により指図に応じないときは、遅滞なくその旨を荷送人に通知します。

　　　第五章　事故

　（事故の際の措置）
第十七条　当店は、荷物の滅失を発見したときは、遅滞なくその旨を荷送人に通知します。
2　当店は、荷物に著しい損傷を発見したとき、又は荷物の引渡しが荷物引渡予定日より著しく遅延すると判断したときは、遅滞なく荷送人に対し、相当の期間を定め荷物の処分につき指図を求めます。
3　当店は、前項の場合において、指図を待ついとまがないとき、又は当店の定めた期間内に指図がないときは、荷送人の利益のために、その荷物の運送の中止、返送その他の適切な処分をします。
4　当店は、前項の規定による処分をしたときは、遅滞なくその旨を荷送人

に通知します。

5　第二項の規定にかかわらず、当店は運送上の支障が生ずると認める場合には、荷送人の指図に応じないことがあります。

6　当店は、前項の規定により指図に応じないときは、遅滞なくその旨を荷送人に通知します。

7　第二項に規定する指図の請求及び指図に従って行った処分又は第三項の規定による処分に要した費用は、荷物の損傷又は遅延が荷送人の責任による事由又は荷物の性質若しくは欠陥によるときは荷送人の負担とし、その他のときは当店の負担とします。

（危険品等の処分）
第十八条　当店は、荷物が第六条第六号アに該当するものであることを運送の途上で知ったときは、荷物の取卸しその他運送上の損害を防止するための処分をします。

2　前項に規定する処分に要した費用は、荷送人の負担とします。

3　当店は、第一項の規定による処分をしたときは、遅滞なくその旨を荷送人に通知します。

（事故証明書の発行）
第十九条　当店は、荷物の滅失に関し証明の請求があったときは、荷物引渡予定日から一年以内に限り、事故証明書を発行します。

2　当店は、荷物の損傷又は遅延に関し証明の請求があったときは、荷物を引き渡した日から十四日以内に限り、事故証明書を発行します。

第六章　責任

（責任の始期）
第二十条　荷物の滅失又は損傷についての当店の責任は、荷物を荷送人から受け取ったときに始まります。

（責任と挙証）
第二十一条　当店は、荷物の受取から引渡しまでの間にその荷物が滅失し若しくは損傷し、若しくはその滅失若しくは損傷の原因が生じ、又は荷物が

延着したときは、これによって生じた損害を賠償する責任を負います。ただし、当店が、自己又は使用人その他運送のために使用した者が、荷物の受取、運送、保管及び引渡しについて注意を怠らなかったことを証明したときは、この限りではありません。

（免責）

第二十二条　当店は、次の事由による荷物の滅失、損傷又は遅延による損害については、損害賠償の責任を負いません。

一　荷物の欠陥、自然の消耗

二　荷物の性質による発火、爆発、むれ、かび、腐敗、変色、さびその他これに類似する事由

三　同盟罷業若しくは同盟怠業、社会的騒擾その他の事変又は強盗

四　不可抗力による火災

五　予見できない異常な交通障害

六　地震、津波、高潮、大水、暴風雨、地すべり、山崩れその他の天災

七　法令又は公権力の発動による運送の差止め、開封、没収、差押え又は第三者への引渡し

八　荷送人が記載すべき送り状の記載事項の記載過誤その他荷送人又は荷受人の故意又は過失

（引受制限荷物等に関する特則）

第二十三条　第六条第五号に該当する荷物については、当店は、その滅失、損傷又は遅延について損害賠償の責任を負いません。

2　第六条第六号に該当する荷物については、当店がその旨を知らずに運送を引き受けた場合は、当店は、荷物の滅失、損傷又は遅延について、損害賠償の責任を負いません。

3　壊れやすいもの、変質又は腐敗しやすいもの等運送上の特段の注意を要する荷物については、荷送人がその旨を送り状に記載せず、かつ、当店がその旨を知らなかった場合は、当店は、運送上の特段の注意を払わなかったことにより生じた荷物の滅失又は損傷について、損害賠償の責任を負いません。

（責任の特別消滅事由）

第二十四条　荷物の損傷についての当店の責任は、荷物を引き渡した日から十四日以内に通知を発しない限り消滅します。

2　前項の規定は、当店がその損害を知って荷物を引き渡した場合には、適用しません。

3　荷送人が第三者から委託を受けた荷物の運送を当店が行う場合において、当該荷物の運送に係る荷受人への荷物の引渡しの日から二週間以内に、荷送人が、第一項の通知を受けたときは、荷送人に対する当店の責任に係る第一項の期間は、荷送人が当該通知を受けた日から二週間を経過する日まで延長されたものとみなします。

　（損害賠償の額）

第二十五条　当店は、荷物の滅失による損害については、荷物の価格（発送地における荷物の価格をいう。以下同じ。）を送り状に記載された責任限度額（以下「限度額」という。）の範囲内で賠償します。

2　当店は、荷物の損傷による損害については、荷物の価格を基準として損傷の程度に応じ限度額の範囲内で賠償します。

3　前二項の規定に基づき賠償することとした場合、荷送人又は荷受人に著しい損害が生ずることが明白であると認められるときは、前二項の規定にかかわらず、当店は限度額の範囲内で損害を賠償します。

4　当店は、荷物の遅延による損害については、次のとおり賠償します。

　一　第十条第一項の場合　第十二条の不在連絡票による通知が荷物引渡予定日の翌日までに行われたときを除き、荷物の引渡しが荷物の引渡予定日の翌日まで行われなかったことにより生じた財産上の損害を運賃等の範囲内で賠償します。

　二　第十条第二項の場合　その荷物をその特定の日時に使用できなかったことにより生じた財産上の損害を限度額の範囲内で賠償します。

5　荷物の滅失又は損傷による損害及び遅延による損害が同時に生じたときは、当店は、第一項、第二項又は第三項の規定及び前項の規定による損害賠償の合計額を限度額の範囲内で賠償します。

6　前五項の規定にかかわらず、当店の故意又は重大な過失によって荷物の滅失、損傷又は遅延が生じたときは、当店はそれにより生じた一切の損害を賠償します。

　（運賃等の払戻し等）

第二十六条　当店は、天災その他やむを得ない事由又は当店の責任による事由によって、荷物の滅失、著しい損傷又は遅延（第十条第二項の場合に限る。）が生じたときは、運賃等を払い戻します。この場合において、当店が運賃等を収受していないときは、これを請求しません。

　（除斥期間）

第二十七条　当店の責任は、荷物の引渡しがされた日（荷物の全部滅失の場合にあっては、その引渡しがされるべき日）から一年以内に裁判上の請求がされないときは、消滅します。

2　前項の期間は、荷物の滅失等による損害が発生した後に限り、合意により延長することができます。

3　荷送人が第三者から委託を受けた荷物の運送を当店が行う場合において、荷送人が第一項の期間内に損害を賠償し又は裁判上の請求をされたときは、荷送人に対する当店の責任に係る同項の期間は、荷送人が損害を賠償し又は裁判上の請求をされた日から三月を経過する日まで延長されたものとみなします。

　（連絡運輸又は利用運送の際の責任）

第二十八条　当店が他の運送機関と連絡して、又は他の貨物自動車運送事業者の行う運送若しくは他の運送機関を利用して運送を行う場合においても、運送上の責任は、この運送約款により当店が負います。

　（荷送人の賠償責任）

第二十九条　荷送人は、荷物の欠陥又は性質により当店に与えた損害について、損害賠償の責任を負わなければなりません。ただし、荷送人が過失なくしてその欠陥若しくは性質を知らなかったとき、又は当店がこれを知っていたときは、この限りでありません。

④運送取次基本契約書

　委託者●●株式会社（以下「委託者」という。）と、運送取扱人○○株式会社（以下「運送取扱人」という。）とは、両当事者間における運送の取次ぎについて、次のとおり契約する（以下「本契約」という。）。

（目的）
第１条　委託者は、運送取扱人に対し、貨物の運送取次ぎを委託し、運送取扱人は、委託者の指示に従って、運送取次ぎをすることを約する。

（委託者の通知義務）
第２条　委託者は、運送取扱人に対する運送取次ぎの委託内容として、貨物の種類、重量、状態、数量、性質、価格、委託者及び荷受人の氏名又は名称及び住所、発送地及び到達地、その他必要な事項を、個別の委託の都度、書面（以下「個別依頼書」という。）をもって運送取扱人に通知しなければならない。

　２　委託者は、貨物が引火性、爆発性その他の危険性を有するものであるときは、その引渡しの前に、運送取扱人に対し、その旨及び当該貨物の品名、性質その他の当該貨物の安全な運送に必要な情報を通知しなければならない。

　３　委託者は、前二項の規定により通知した事項が事実と異ならないことを保証することとする。委託者及び荷受人は、委託者が当該事項を通知しなかったこと又は通知した事項が事実と異なることから運送取扱人に発生する費用、罰金及び賠償責任を負担しなければならない。

　４　運送取扱人は、委託者が第一項又は第二項の規定に反し、委託者が当該事項を通知しなかったこと又は通知した当該事項が事実と異なることから発生する貨物の損害について、賠償の責任を負わない。

　５　運送取扱人は、第一項又は第二項の規定により委託者が通知した事項について、内容を調査する義務を負わない。

（荷造り）

第3条　委託者は、貨物の性質、重量、容積等に応じて、運送に適するように荷造りをしなければならない。

　　2　運送取扱人は、貨物の荷造りが運送に適さないときは、委託者に対し必要な荷造りを要求し、又は委託者の負担により必要な荷造りを行うことができる。

（取次ぎ期限、貨物の点検）

第4条　運送取扱人は、委託者による運送取扱人の定める方法に従った出荷に係る指示を受けた日の翌日から起算して2営業日以内に、委託者から引き受けた貨物を運送人に引き渡すものとする。なお、委託者は、運送取扱人が当日中に出荷を完了させるためには、当該出荷希望日の午前〇時までに、委託者に対して、運送取扱人の定める方法にしたがった出荷に係る指示を行う必要があることを確認する。

　　2　運送取扱人は、個別依頼書の記載事項について疑いがあると認めたときは、委託者の費用負担において、貨物を点検することができる。

（引受拒否）

第5条　運送取扱人は、次の場合には、運送取次ぎの引受けを拒否することができる。

　　①　個別の運送取次ぎの申込が、本契約によらないものである場合

　　②　委託者が個別依頼書の記載をせず又は前条の規定による点検に同意しない場合

　　③　委託者が支払期限までに次条の取次料等を支払わない場合

　　④　荷造りが運送に適さない場合

　　⑤　運送人が貨物の運送を拒否する場合

　　⑥　運送取次ぎに関し、委託者から特別の負担を求められた場合

　　⑦　天災、大規模感染症の発生その他やむを得ない事由がある場合

（取次料等の支払）

第6条　運送取扱人は、委託者から、運送取扱人が別途指定する方法により、別途指定する取次料及び運送取次ぎに関する費用（以下「取次料等」

という。）の支払を受けるものとする。なお、本契約に関連する他の
サービス又は商品の市場価格の著しい変動があった場合には、取次料
等の額は、当事者間で協議の上、変更されるものとする。

　2　委託者は、毎月末日締切の運送取扱人からの請求により、翌月末日
　　までに、運送取扱人に対し、取次料等を支払うものとする。

（連絡運輸等）
第7条　運送取扱人は、委託者の利益を害しないかぎり、引き受けた貨物を
　　他の運送機関と連絡して、又は他の運送機関に委託して運送すること
　　がある。

（引渡しが出来ない場合の措置）
第8条　運送取扱人は、荷受人を確知することが出来ないとき、又は荷受人
　　が貨物の受取を怠り、若しくは拒み、又はその他の事由によりこれを
　　受取ることができないときは、貨物を委託者に返却する。

　2　委託者は、前項により発生した追加の取次料等を負担しなければな
　　らない。

（運送取扱人の責任）
第9条　運送取扱人は、貨物の受取から荷受人への引渡しまでの間にその貨
　　物が滅失し若しくは損傷し、若しくはその滅失若しくは損傷の原因が
　　生じ、又は貨物が延着したときは、これによって生じた損害を賠償す
　　る責任を負う。ただし、運送取扱人がその貨物の受取、保管及び引渡
　　し、運送人の選択その他の運送の取次ぎについて注意を怠らなかった
　　ことを証明したときは、この限りでない。

（免責）
第10条　運送取扱人は、次の事由による貨物の滅失、損傷、延着（以下
　　「貨物の滅失等」という。）、その他一切の損害についての賠償の責
　　任を負わない。

　①　委託者より貨物を受け取っていない場合
　②　委託者に過失がある場合
　③　同盟罷業若しくは同盟怠業、社会的騒擾、その他の事変又は強盗

④　貨物の特殊な性質に基づく変質、消耗又は瑕疵による場合

⑤　荷造りの不完全、外装表示等及び個別依頼書の記載事項の不完全、その他委託者の責めに帰すべき事由による場合

⑥　降雨、降雪、強風その他悪天候又は大規模感染症の発生の場合で運送取扱人の責めに帰すべき事由によらない場合

⑦　個別依頼書の記載事項が虚偽であった場合

⑧　火災、水害、地震等の不可抗力による場合

（責任限度額）

第11条　運送取扱人が損害賠償責任を負う場合には、その責任限度額を金●万円とする。

（運送取扱人の責任の消滅）

第12条　貨物の損傷又は一部滅失についての運送取扱人の責任は、荷受人が異議をとどめないで貨物を受け取ったときは、消滅する。ただし、貨物に直ちに発見することができない損傷又は一部滅失があった場合において、荷受人が引渡しの日から2週間以内に運送取扱人に対してその旨の通知を発したときは、この限りでない。

　　2　貨物の滅失等についての運送取扱人の責任は、貨物の引渡しがされた日（貨物の全部滅失の場合にあっては、その引渡しがされるべき日）から1年以内に裁判上の請求がされないときは、消滅する。

　　3　前項の期間は、貨物の滅失等による損害が発生した後に限り、合意により、延長することができる。

（賠償に基づく権利取得）

第13条　運送取扱人が貨物の全部の価格を賠償したときは、その貨物に対する一切の権利は運送取扱人に帰属することとする。

（委託者の賠償責任）

第14条　委託者の故意若しくは過失により、又は委託者による本契約に基づく義務違反により、運送取扱人が損害を被った場合には、委託者はその損害を賠償しなければならない。

（運送取扱人の留置権、任意売却）
第 15 条　委託者が支払期限までに取次料等を支払わない場合には、運送取
　　　　　扱人は、当該取次料等と貨物との牽連性の有無に関係なく、その支
　　　　　払を受けるまで、貨物を留置することができる。
　　　 2　相当の期間内に貨物の引取りの請求がされない場合、又は貨物が
　　　　　劣化し、腐敗し若しくは価値が低下すると運送取扱人が判断した場
　　　　　合には、運送取扱人は、いつでも、自己の裁量により、何ら責任を
　　　　　負うことなく、専ら委託者の危険と費用負担で、貨物を売却し、廃
　　　　　棄し、若しくは他の方法により処分することができる。運送取扱人
　　　　　は、これにより取得した金員を取次料等の支払に充当することがで
　　　　　きる。

（契約の解除）
第 16 条　委託者又は運送取扱人が本契約に違反した場合において、その相
　　　　　手方が本契約を継続することが著しく困難であると認めたときは、
　　　　　当該相手方は、書面により本契約を解除することができる。

（契約期間）
第 17 条　本契約の期間は 2023 年●月●日から 2024 年●月●日までとする。
　　　　　期間満了の 2 か月前までに委託者又は運送取扱人が相手方に対し何
　　　　　らの申出もしないときは、この契約は更に 1 年間更新されるものと
　　　　　する。その後の期間満了についても同様とする。

（準拠法）
第 18 条　本契約は、日本法に準拠し、日本法によって解釈されるものとす
　　　　　る。

（専属的合意管轄）
第 19 条　本契約に関して当事者間に紛争が生じた場合には、東京地方裁判
　　　　　所を第一審の専属的合意管轄裁判所として解決をはかる。

　本契約の成立を証するため、本書 2 通を作成し、各自署名又は記名押印の

上、各その1通を保有する。

　　　　　　年　　　月　　　日

　　　　　　　　　　委託者
　　　　　　　　　　　住　所
　　　　　　　　　　　　　●●株式会社
　　　　　　　　　　　　　代表取締役　　　　　　　　㊞

　　　　　　　　　　運送取扱人
　　　　　　　　　　　住　所
　　　　　　　　　　　　　○○株式会社
　　　　　　　　　　　　　代表取締役　　　　　　　　㊞

事項索引

●著者紹介

山下　和哉（やました・かずや）

弁護士法人東町法律事務所・パートナー弁護士（東京弁護士会所属）、英国弁護士、米国公認会計士、上場企業社外取締役、法務省民事調査員。

1987年大阪生まれ。2005年大阪府立高津高校卒業・神戸大学法学部入学、2008年旧司法試験合格、2009年神戸大学卒業・司法研修所入所（旧63期）。
2010年弁護士法人東町法律事務所入所、2014年法務省へ出向（民事局参事官室 商事法グループ局付　商法・会社法・船主責任制限法等の改正に従事）・法制審議会商法（運送・海商関係）部会関係官就任、2016年東町法律事務所復帰、2017年法務省民事調査員就任、2018年 Queen Mary University of London（LL.M. in International Shipping Law）留学、2020年東町法律事務所復帰・英国（イングランド及びウェールズ）事務弁護士（Solicitor）登録・東町法律事務所パートナー就任、2021年法務省民事局調査員再任、2022年法制審議会商法（船荷証券等関係）部会関係官就任、2023年米国公認会計士（U.S. CPA）登録・元旦ビューティ工業株式会社（東証スタンダード市場）社外取締役就任。
主な取扱分野は、海事・物流、M&A、国際取引、企業関連法務。

主な著書：『一問一答　平成30年商法改正』（共著、商事法務、2018年）

Q&A 運送取引の法律実務入門

2023年12月31日　初版第1刷発行

著　　者	山　下　和　哉	
発　行　者	石　川　雅　規	
発　行　所	㍿ 商　事　法　務	

〒103-0027 東京都中央区日本橋3-6-2
TEL 03-6262-6756・FAX 03-6262-6804〔営業〕
TEL 03-6262-6769〔編集〕
https://www.shojihomu.co.jp/

落丁・乱丁本はお取り替えいたします。　印刷／そうめいコミュニケーションプリンティング
©2023 Kazuya Yamashita　　　　Printed in Japan
Shojihomu Co., Ltd.
ISBN978-4-7857-3064-2
＊定価はカバーに表示してあります。